KB082163

책에서 찾은 나의 꿈 나의 인생

책에서 찾은 나의 꿈 나의 인생

초판 1쇄 2021년 08월 26일

지은이 김기덕 | **펴낸이** 송영화 | **펴낸곳** 굿웰스북스 | **총괄** 임종익

등록 제 2020-000123호 | **주소** 서울시 마포구 양화로 133 서교타워 711호

전화 02) 322-7803 | **팩스** 02) 6007-1845 | **이메일** gwbooks@hanmail.net

© 김기덕. 굿웰스북스 2021, *Printed in Korea*.

ISBN 979-11-91447-54-5 03190 | **값 15,000원**

※ 파본은 본사나 구입하신 서점에서 교환해드립니다.

※ 이 책에 실린 모든 콘텐츠는 굿웰스북스가 저작권자와의 계약에 따라 발행한 것이므로 인용하시거나 참고하
   실 경우 반드시 본사의 허락을 받으셔야 합니다.

※ **굿웰스북스**는 당신의 풍요로운 미래를 지향합니다.

책에서 찾은
나의 꿈
나의 인생

김기덕 지음

DREAM CHALLENGE!
DREAMS COME TRUE!

굿웰스북스

Dreams Come True!

여러분은 꿈이 있습니까?

아마도 꿈이 없는 사람은 없을 것입니다.

하지만 꿈을 단지 가슴속에만 간직한 채 꺼내지 못하는 경우가 많을 것입니다. 하지만 여러분은 세상에 단 하나뿐인 자기만의 재능을 가지고 있는 존재입니다. 단지 그 재능을 찾지 못하고, 펼치지 못하고 있을 뿐입니다. 꿈이 있더라도 생활이 바빠서, 살기 힘들어서, 꿈 같은 것은 생각할 여유도 없다고 말씀하시는 분이 있을 것입니다. 물론 인생을 살다 보면 굽이굽이 어렵고 힘들 일이 참 많습니다. 대부분의 사람들이 비슷한 인생을 살아갑니다. 하지만 꿈을 단지 꿈꾸는 것으로 끝낸다면 그것은 잠자면서 꾸는 꿈과 다르지 않습니다. 꿈은 반드시 실현할 수 있습니다. 여러분의 작지만 소중한 꿈을 이제는 다시 꺼내어보세요. 그리고 도전해 보세요.

내 꿈이 무엇인지 잘 모르겠다고요? 그렇다면 꿈을 찾는 방법을 알려
드릴게요.

 저는 어려서 꿈만 많은 소년이었습니다. 지금껏 꿈만 바라보고 살지는
않았습니다. 생활도 바쁘고 현실의 벽이 있었기 때문입니다. 그래도 꿈
을 실현하고 싶다는 소망을 품고 살아왔습니다. 저는 인생 제2막을 준비
하면서 인생의 꿈을 책에서 다시 찾아냈습니다. 도전할 수 있겠다는 생
각이 들었습니다. 그리고 지금은 평생의 버킷리스트 중의 하나인 책 쓰
기의 꿈을 이루었습니다.
 나의 육십 평생을 되돌아보니 참으로 많은 일이 있었습니다. 끊임없이
꿈을 이루기 위해 도전한 세월이었습니다. 하지만 제 인생의 꿈은 대부
분은 실현하지 못했고, 그동안 제 삶은 수많은 실패와 좌절과 낙담으로
점철되다시피 했습니다. 하지만 결코 포기하지 않았습니다. 실패는 성공
을 위한 디딤돌이라고 생각했기 때문입니다.

 저는 어려서부터 책을 좋아하기는 했지만, 단지 독서를 취미로 생각했
습니다. 그러다 보니 책을 많이 읽어도 삶에 큰 도움이 안 되고 변화도
없었습니다. 그러다가 결국 인생의 막다른 골목에 다다랐습니다. 돌파구
가 필요했습니다. 그것은 바로 독서였습니다. 카톡방을 통해 각종 독서
모임에 참여하면서 책을 통해 변화하는 사람들을 볼 수 있었습니다. 그

래서 저는 인생을 바꾸기 위한 절박함으로 책에 올인했습니다.

그러다가 우연히 참여하게 된 특강에서 운명의 멘토를 만나서 책 쓰기에 도전하였고 출판 계약을 할 수 있었습니다. 나는 책을 통해 저녁형 인간에서 아침형 인간으로 변신할 수 있었고, 아침 독서 습관을 들이는 데 성공했습니다. 나는 100일간 책 쓰기 목적의 독서를 하면서 많은 책을 읽고 삶에 적용하는 법을 배웠습니다.

인생 제2막을 준비하는 모든 분들이 꿈을 다시 찾고, 꿈에 도전하고, 꿈을 실현할 수 있도록 꿈과 희망의 메시지를 전하고자 합니다. '꿈은 반드시 실현된다'는 것을 증명하기 위해 오늘도 도전을 멈추지 않고 있습니다.

누구에게나 책 쓰기를 한다는 것이 쉬운 일이 아님을 잘 알고 있습니다. 나에게는 이 책이 처음이자 마지막이 아니라, 지금부터 남은 여생을 저술가로 살아갈 것을 약속하는 인생의 첫 번째 작품일 뿐입니다. 앞으로 매년 한 권 이상 집필하겠다는 꿈과 삶의 도전에 대한 출발을 공표하는 것입니다.

2080세대의 인생의 변화를 꿈꾸는 사람들에게, 특히 4060세대들에게 꿈에 도전할 것을 강조하고 싶습니다. 책에서 나의 꿈과 인생을 찾아 제 삶이 멋지게 변화한 것처럼 많은 사람들에게 용기와 희망을 주고 싶습니다. 책에서 자신의 인생을 찾는 데 도움을 주는 책 읽기 멘토로, 꿈도전 메신저로 살아갈 것입니다. 책 쓰기에 대한 두려움을 없애고 누구나 책을 쓸 수 있다는 자신감을 갖게 하고 싶습니다.

어느 한 사람이라도 '나도 이 정도의 책은 쓸 수 있다'는 자신감을 가져 준다면 더 바랄 나위가 없을 것입니다. 인생의 수많은 실패로 좌절과 우울함 속에서 헤매는 사람들에게 '나처럼 많이 실패한 사람도 책 쓰기를 할 수 있다'는 사실을 알리고, 희망과 용기를 주고 싶습니다.

이 책에는 제가 읽은 국내외의 수많은 독서법 관련 책들을 참고하여 핵심 내용을 요약 정리, 인용해놓았습니다. 따라서 이 책 한 권을 읽더라도 수많은 독서법에 관한 지식을 얻고, 독자 스스로 자신에게 맞는 독서법을 찾는 데 조금이나마 도움이 되지 않을까 생각합니다.

구십 평생을 자식 위해 희생해오신 장한 어머님과 나의 사랑하는 딸과 아들들에게 그리고 아내에게 이 자리를 빌려 고맙고 감사함을 표현합니다.

2021년 8월의 무더운 여름날에

목차

CHAPTER 1
인생은 읽는 대로 바뀐다

CHAPTER 2

책에서 찾은 나의 꿈 나의 인생

CHAPTER 3

열심히 읽는 게 아니라 잘 읽어야 한다

CHAPTER 4

기억에 오래 남는 7가지 독서의 기술

CHAPTER 5
한 권을 읽더라도 생산적인 독서를 하라

Dream
Challenge!

Dreams
Come True!

인생은
읽는 대로
바뀐다

01

독서가 진짜 좋은 이유

'독서' 하면 "마음의 양식이다."라는 말이 따라온다. '밥이 사람의 신체 유지에 필요한 양식이라면, 독서는 사람의 마음을 살찌우는 영혼의 양식'이라는 뜻일 것이다. 이렇듯 독서는 사람에게 유익한 많은 것을 제공한다. 그래서 옛 선현들이 독서를 강조해왔고 몸소 실천해왔다. 현대에도 성공한 사람 치고 독서를 하지 않은 사람이 없을 정도다. 독서가 예나 지금이나 사람이 지혜롭게 살아가는 데 꼭 필요한 강력한 무기인 셈이다.

나는 유년 시절에 책 읽는 것을 매우 좋아했다. 내가 태어난 곳은 경기도 양주시 고령(지금은 파주시로 편입됨)이라고 불리던 곳인데, 산이 높고 골짜기가 깊은 산간벽지 마을로 그 당시에는 전기도 들어오지 않아 호롱불이나 등잔불로 밤을 밝히는 곳이었다. 유치원은 물론 없었고 초등학교(당시는 국민학교)도 집에서 2km쯤 떨어져 있어서, 20~30분 정도 걸리는 거리를 매일 걸어 다녔다. 나보다 여섯 살이나 많은 누나의 책을 보려고 학교 입학하기 전부터 한글을 익혀서 읽었던 기억이 난다. 일곱 살이 되어 학교 입학하던 날 가방이 없어서 책을 보자기에 싸서 등에 메고, 학교로 신나게 달려가던 기억이 새록새록 남아 있다.

　책을 잘 읽고 좋아해서 그런지는 몰라도 초등학교 2학년 때 교내 반공 웅변대회에 나가 수상도 했고, 반장도 했다. 이렇듯 나의 유년 시절에 책과의 인연은 시작되었고, 글을 배우고 익히는 데 호기심도 많고 재미도 있었다. 책이라고 해봐야 그 당시에는 교과서밖에 없어서 교과서만 읽었던 기억이 난다. 초등학교 4학년 말쯤 시골에서는 대학에 가려면 서울로 가서 공부해야 한다는 것을 인식하고 어머니의 도움으로 서울 왕고모 댁에서 유학 생활을 시작했다. 왕고모 댁은 아저씨 한 분과 왕고모님 두 분이 계셨는데 친정 손자이자 외가댁 조카인 나를 살갑게 대하시고, 어머니 보다 더 잘해주셨다. 그분들 덕에 서울에서의 유학 생활은 대학 입학 때까지 어려움이 없었다. 정말로 고맙고 감사한 일이었다. 지금도 그 감사함을 가슴속에 간직하며 살고 있다.

나는 책이라면 교과서밖에 몰랐다. 그런데 서울로 유학 와서 같은 동네 부잣집 친구네 놀러 가보니 교과서 외에 전집이며, 전과 책, 참고서 그리고 위인전 등의 책들이 책장 가득 꽂혀 있었다. 나는 정말로 친구가 부러웠다. 그래서 나는 친구네 집에서 위인전이며 참고서를 가끔 빌려서 보곤 했다. 그렇다고 자주 가지는 않았다. 왜냐하면 나도 모르게 상대적으로 빈곤감을 느끼고 자존심이 상했다. 나중에 커서 내가 돈을 많이 벌게 되면 책을 많이 사서 책장 가득 채워놓아야겠다는 생각을 했었다. 학창시절을 돌이켜보면 교과서로 입시 공부에 치중하다 보니 다른 책을 읽기는 쉽지 않았다. 학교에서 추천하는 필독 도서 일부만을 사서 읽었다. 그중에서 '명언집'은 나의 마음에 큰 희망과 꿈을 심어주었다.

초등학교 6학년 때 학교에서 시를 쓰는 시간이 있었다. 나도 처음으로 '시'라는 것을 써보았다. 주제는 '해바라기' 또는 '지우개'였다. 물론 보잘것없었지만 나는 그날 내가 쓴 시를 두고두고 되뇌며 마치 시인이라도 된 것처럼 기쁘고 즐거웠다. 그때 나는 시와 글에 대해 좋은 감정을 가질 수 있었다. 처음으로 작문을 하게 된 것이었다. 이때의 감동으로 나는 '훗날 멋진 글을 쓰고 싶다.'라는 생각을 처음 했던 것 같다. 그리고 그날 이후, 일기를 매일 쓰기로 했고 그 일기 쓰기는 대학을 졸업할 때까지 계속되었다.

독서는 그 후로도 한 달에 한 권을 목표로 했지만, 그렇게 많이 읽지는 못했다. 그리고 한 번 읽고 나면 책꽂이에 꽂아두기만 했다. 누가 "당신의 취미는 무엇입니까?"라고 물으면 나는 항상 독서라고 대답했다. 그당시의 독서는 즐거운 취미처럼 휴식 시간 같은 존재였던 것이다. 그리고 사회에 나와 직장 생활을 하면서 자기계발서 등에 관심을 갖고 주말에 주로 책을 읽었다.

특히 스피치 분야에 많은 관심을 가지고 있었다. 내가 스피치 분야에 관심을 가진 이유는 초등학교 때 서울로 유학 오면서 처음에는 적응하는 데 어려움이 있었기 때문이다. 나는 천성적으로 내성적인 성격으로 국어 시간에 발표를 잘하지 못했다. 이것이 나에겐 콤플렉스였다. 그래서 나는 이러한 단점을 극복하기 위하여 중학교와 고등학교 때 웅변 활동을 했다. 그 후에도 나는 콤플렉스를 극복하기 위해 스피치 학원에도 등록하여 자기계발을 지속하곤 했었다.

그렇게 스피치 분야에 대해서는 관심을 놓지 않았다. 대학에 다닐 때에는 시집도 읽고, 소설책도 읽고, 그렇게 여러 분야의 책을 읽으려고 노력했다. 그렇지만 그때에도 독서가 내 삶을 바꿀 수 있다는 생각은 하지 못했다. 그리고 결혼 전까지는 짧았지만 독서 모임에도 참여하면서 독서를 계속 이어갔다.

나에게 독서가 진짜 좋은 이유는 무엇일까?

첫째, 독서를 하게 되면 일단 마음이 안정되었다. 즉 몸과 마음의 긴장이 해소된다. 그래서 마음에 근심 걱정도 사라지게 되고 스트레스 해소 역할도 하게 되는 것이다. 책에 집중하면서 마음의 평정을 찾게 되었다.

둘째, 독서를 함으로써 지식을 습득할 수 있다. 요즘같이 급변하는 세상에서 새로운 정보와 지식들이 넘쳐나는데 그 많은 정보와 지식들을 모두 다 알 수는 없다. 하지만 현대를 살아가려면 알아야 하는 정보뿐만 아니라 지식도 독서를 통해서 얻을 수 있다. 모든 것을 잘 알려면 직접 경험해보는 것이 가장 좋겠지만, 그 많은 것들을 다 경험할 수는 없는 일이고 또 그렇게 할 수도 없다. 그래서 책을 통해 간접 경험을 하는 것이다. 더군다나 우리 뇌는 간접 경험으로 얻은 지식도 직접 경험해서 얻은 것과 똑같이 인식한다는 것이다. 독서는 직접 경험을 통해 얻는 것보다 덜 위험하기도 하고, 매우 경제적이기까지 하다. 단돈 1~2만 원에 저자가 오랜 시간 축적한 산지식을 통째로 얻을 수 있으니 이보다 경제적이고 비용 대비 효율성이 있는 게 또 있을까?

셋째, 독서를 통해 지적 호기심을 채울 뿐만 아니라 즐거움을 넘어 삶의 희열까지도 맛볼 수 있다. 독서를 하면서 집중하는 동안 각종 스트레스가 해소되고 쾌감 호르몬인 엔돌핀이 생성되기도 한다. 독서를 통해 쾌감을 얻게 되는 것이다.

넷째, 독서를 통해 영혼을 살찌울 수 있다. 밥을 '일용할 양식'이라고 하면, 독서는 '마음의 양식'이라고 한다. 이는 자기 성장으로 이어질 수 있다. 내면의 자기 만족을 통해 자존감을 높이는 것이다. 이러한 자존감이야말로 인생을 살아가는 데 중요한 요소이다. 왜냐하면 자존감이 있는 사람이 자신을 사랑하는 것이고, 더 나아가 남을 사랑하는 원동력으로도 작용하기 때문이다. 이런 사람은 남에게 쉽게 휘둘리지 않으며, 자신의 주장과 생각대로 인생을 살아갈 수 있는 것이다.

다섯째, 많은 사람들이 현실에서 부딪히는 인간사 모든 고민과 문제에 대한 해답을 책에서 찾을 수 있다. 그리고 미래에 대한 불안감, 걱정, 우울감 등도 책을 통해 해결할 수가 있다. "책 속에 길이 있다. 책은 말 없는 스승이다."라는 말도 있다. 책이라는 것이 인류가 수천 년 동안 축적한 지식의 결정체이기 때문에 독서를 통해 간접적으로나마 수많은 선각자들을 만나서 귀중한 교훈을 얻고 통찰을 얻을 수 있는 것이다. 나는 세상이 과거보다 점점 더 발전하고 좋아지는 것이 책이라는 보물을 통해서 사람도, 사회도 발전하기 때문이라고 생각한다. 만약에 글자로 된 책이 없었다면 과거의 지식이나 지혜들이 현재까지 전수되지 못했을 것이다. 그리고 더욱이 오늘날의 눈부신 사회 발전은 기대할 수 없었을 것이다.

따라서 독서는 인간에게 반드시 필요한 양식인 것이다. 독서를 하지 않거나 부족하게 한다면 영혼은 메마르게 되고 푸석푸석해져서 삶은 궁핍해질 것이다.

결론적으로 말하면 정보통신기술의 발달로 스마트폰이나 통신기기가 보급되어 쉽게 정보를 얻게 되다 보니 책을 읽는 사람이 점점 줄어들고 있다. 지하철을 타고 가다 보면 거의 대다수의 사람이 스마트폰을 보고 있고, 책을 읽는 사람을 찾기란 쉽지 않다. 전자책의 발달도 책을 직접 읽지 않는 원인이 되기도 하다. 하지만 아무리 4차 산업이 발달하더라도 인간의 창의성은 로봇이나 AI가 대체할 수 없다. 따라서 인간의 창의성 때문이라도 독서의 중요성은 더욱 부각될 것이다. 그리고 독서의 필요성과 당위성 또한 점점 더 늘어날 것이다. 독서를 통해 진정으로 당신이 원하는 바를 성취할 수 있을 것이다. 독서가 진짜 좋은 이유는 무엇보다도 지금의 상황에서 벗어나 새로운 변화와 성장으로 내 삶을 바꿀 수 있다는 점이다. 나는 독서가 그동안의 수많은 실패와 좌절과 고통에서 벗어나게 하고, 성공과 희망과 즐거움으로 가게 하는 지름길이라고 생각한다. 자, 이제 우리 성공과 희망과 즐거움을 위해 독서의 세상에 빠져보면 어떨까?

02

아침 독서로 꿈을 다시 설계하다

나는 지금까지 육십 평생을 철저히 '저녁형' 인간으로 살아왔다. 아침에 일찍 일어난 적이라고는 고등학교 시험공부할 때가 처음이었다. 저녁 늦게까지 있던 버릇이 있어서 항상 늦게까지 공부하거나, 아니면 TV를 시청하곤 했다. 그런데 시험기간이라 "새벽에 일어나서 공부하면 공부도 잘되고 시험도 잘 치를 수 있다."라는 친구의 말을 믿고 처음으로 저녁 9시쯤에 일찍 자고 4~5시에 일어나서 시험공부를 할 참이었다. 그런데 알람은 울렸건만, 피곤해서 그런지 일어나지 못하고 늦잠을 자고 말았다. 거의 6시가 넘어서 일어나게 된 것이었다. 부리나케 시험공부를 시작했지만, 제대로 공부가 될 리가 없었다. 나는 그날 시험을 망치고 말았다. 그리고 그 후로도 일찍 일어나는 것을 몇 번 더 시도해보았지만 별 효과를 거두지 못했다. 왜냐하면 일찍 일어나더라도 낮에 졸거나 피로감을 몹시 느꼈기 때문이다. 이처럼 나에게는 아침 일찍 일어나는 것이 힘들기도 하거니와 별 도움이 되지 않았다.

그런데도 성공한 사람 치고 '아침형' 인간이 아닌 사람이 없다고 한다. 새벽 기상의 효용성을 말하는 예는 매우 많다. 대표적인 두 가지만 소개할까 한다.

첫째로는 '새벽의 1시간은 낮의 3시간과 맞먹는다'는 것이다. 이것은 인생을 세 배로 살 수 있다는 얘기이다. 리처드 코치의 『80/20 법칙』에 따르면, 투입량 중 20%가 산출량의 80%를 만들어낸다고 한다. 우리의 인생을 통틀어서 80/20법칙이 적용 안 되는 분야를 찾아보기 힘들 정도다. 그러면 하루 중에 산출량의 80%를 만드는 20%에 해당되는 시간은 언제인가? 바로 새벽 시간이다. 새벽 1시간은 낮의 3시간과 맞먹는다고 한다. 그만큼 집중이 잘되기 때문에 아침 시간의 능률이 높은 게 사실이다. 성공한 사람들을 보면 대다수가 새벽형 인간이다.

둘째로는 '새벽 시간이 가장 효율이 높은 시간대'라는 것이다. 밤 동안 지친 몸과 마음을 잠이라는 휴식으로 충전한 후에 쌩쌩한 건전지처럼 다시 시작할 수 있다. 하루를 기준으로 아침 9시 전이 가장 생산적인 시간 대이다. 누구의 방해도 받지 않고 오직 나만의 시간을 보낼 수 있는 시간으로 집중력이 가장 왕성한 때이다. 그래서 성공한 대다수의 사람이 이 아침시간을 잘 활용해서 '황금시간'이라고 말하는 것이다.

그리고 나의 가장 가까이에서 아침형 인간으로 성공한 한 사람을 소개한다. 바로 〈한국책쓰기1인창업코칭협회(이하 한책협)〉의 김태광 대표 코치이다. 『출근 전 2시간』이란 그의 저서에서 "13여 년 전 누구보다 초라했던 나는 알토란같은 새벽 시간 활용으로 진짜 인생을 살 수 있었다. 지금처럼 행복한 인생을 살 수 있었던 것은 남들이 잠들어 있는 새벽 시간에 가슴 뛰는 꿈을 상상하며, 그것을 실현하기 위해 고군분투한 덕분이었다. 내 성공의 비결은 새벽 시간 활용에 있다. 그래서 나는 사람들에게 더 나은 인생을 살고 싶다면 필수적으로 새벽형 인간이 되어야 한다고 충고한다. 새벽에 일찍 일어나지 않고는 절대 나은 인생을 살 수 없다." 라고 설파하고 있다.

지금의 나는 『새벽 5시 필사 100일의 기적』이란 책을 필사하면서부터 새벽 5시에 일어날 수 있었고, 결국 새벽형 인간이 되었다. 불가능하게 보였던 새벽형 인간이 나도 될 수 있었던 것이다. 새벽형 인간이 되어서 내가 과거에 꿈꾸었던 미래를 인생 제2막의 출발점에서 다시 설계하고 있는 것이다.

굳이 유명인을 예로 들지 않더라도, 우리 주변에는 새벽부터 활동을 시작하는 분들을 많이 볼 수 있다. 나도 어쩌다 새벽에 일어나 보면, 아침 일찍 신문을 돌리는 사람, 우유 배달하는 사람, 그리고 쓰레기 수거하시는 사람들을 볼 수 있다. 그리고 새벽에 지하철을 타보면 '어디를 가기에 이처럼 이른 시간에 전철을 타는 사람들이 이리 많을까?' 하는 생각이 들기도 한다. 세상엔 새벽에 일어나서 일을 하시는 분들이 참으로 많다는 것을 느낀다. 이들은 대개 생계를 위해 새벽부터 밖에 나오시는 경우가 많다. 하지만 우리도 성공을 원한다면 새벽 시간을 어떻게 활용할지를 곰곰이 생각해볼 필요가 있다.

우리는 누구나가 성공하기를 꿈꾸고 있다. 하지만 극소수의 사람만 성공을 맛보고 대다수는 그저 그런 삶을 살고 있다. 그 이유는 무엇일까? 아마도 그것은 성공하는 사람과 그렇지 못한 사람들의 행동을 보면 알 수 있을 것이다. 대다수의 성공자들이 아침형 인간으로 아침 시간을 헛되이 보내지 않는다.

그러면 우리같이 평범한 사람이 성공하고 싶다면 어떻게 해야 할까? 바로 성공자들이 하는 행동 습관을 따라 해보면 된다. 새벽에 일어나는 것만으로도 우리는 성공의 씨앗을 뿌리는 소중한 일을 하는 것이다. 이는 자신에 대한 투자요, 미래에 대한 희망이고 나를 바꾸는 힘인 것이다.

"일찍 일어나는 새가 벌레를 잡는다." 이 말은 '아침을 지배하는 자가 하루를 지배할 수 있다.'라고 바꾸어 해석할 수 있다. 아침을 지배하면 하루를 지배할 수 있다. 또한 '하루를 지배한다는 것은 인생 전반을 지배할 수 있다.'라는 말과 통한다. 나는 아침 새벽 5시에 기상한다. 알람이 울리면 잠시 침대에 누운 채로 간단한 스트레칭을 하고 일어난다. 그리고 운동화를 신고 밖으로 나가 아침 걷기 운동을 시작한다. 내가 지금 있는 이곳은 마장호수 아래 인근 마을인데, 문산천 지류 둑길을 따라가면 2km 내외로 왕복할 수 있는 길이 나온다. 이곳을 아침마다 걷는데 시간은 대략 30~40분 정도 소요된다. 스마트폰을 들고 유튜브 동영상을 들으면서 걷는다. 아침에 일어나면, 맑고 상쾌한 기운이 코끝을 자극한다. 신선한 공기와 맑고 청명한 하늘과, 높고 푸른 박달산의 기운을 받으며 걷는다. 나는 지금 몸과 마음의 천국에서 우주의 신선한 정기를 아침마다 받으며, 건강과 성공을 꿈꾸며 살고 있다.

나는 몇 달 전까지만 해도 11시가 넘어야 자고, 7시가 넘어서야 일어나는 생활을 해왔다. 그러던 중 독서를 하게 되면서 독서 모임에도 참여하게 되었다. 여러 독서 모임의 오픈채팅방에 가입이 되어 있어서 하루에도 수백 통의 메시지가 날아온다. 일일이 다 볼 수도 없을 정도의 정보의 홍수 속에 살고 있는 것이다. 그날도 어느 때와 마찬가지로 채팅방에서 강의를 한다고 해서 신청하고 듣기를 반복하고 있었다.

그리고 우연한 기회에 김도사님이 운영하시는 〈한책협〉에서 진행하고 있는 '책 쓰기 1일 특강'을 신청하게 되었다. 1일 특강을 듣고서 나는 바로 책 쓰기 과정에 등록하였다. 그리고 지금 책 쓰기 수업을 들으면서 내 평생 버킷리스트 중의 하나인 책을 쓰고 있다. 김도사님이 써낸 책은 무려 250여 권에 달한다고 한다. 약 20년 동안 250권이면, 1년에 12~13권이다. 즉 한 달에 한 권 이상의 책을 쓰고 출판했다는 얘기다. 어마어마한 분량이다. 그것도 젊은 20대부터 시작했으니, 얼마나 치열하게 글을 쓰고 책을 냈을지 짐작하고도 남는다.

수많은 책 중에서도 내가 감명 깊게 읽었던 책은 『새벽 5시 필사 100일의 기적』, 『100억 부자 생각의 비밀 필사 노트』, 『자본 없이 콘텐츠로 150억 번 1인 창업 고수의 성공 비법』, 『내가 100억 부자가 된 7가지 비밀』, 『150억 부자의 부의 추월차선』 등이다.

이 중에서도 나를 아침 새벽 5시 기상하여 변화된 삶을 살도록 인도해 준 책은 단연코 『새벽 5시 필사 100일의 기적』이다. 그토록 아침에 일어나려고 애써도 습관이 되지 않던 내가 이 책을 통해 아침형 인간이 되어 기적을 쓰고 있다. 오늘 아침도 새벽 5시에 어김없이 일어나 『새벽 5시 필사 100일의 기적』 책을 필사했다. 매일 새벽 5시에 기상해서 쓰고 있다. 그렇게 나는 아침 독서를 6시부터 7시 반까지 집중해서 하고 있는 것이다.

나는 이러한 아침 독서를 통해 새로운 꿈을 설계하고 있다.

나는 베스트셀러 작가가 되는 꿈을 내 버킷리스트 최상단 1번에 올려 놓았다. 왜냐하면 〈한책협〉의 김도사님을 운명적으로 만난 것도 기적이고, 아침 5시에 기상하여 독서하는 것, 책 쓰기를 공부하고 실제로 책 원고를 쓰고 있는 것, 이 모두가 나에게는 기적이다. 그것이 지금 현실로 구현되고 있는 것이다. 인간의 대다수가 꾸는 꿈은 '돈 많이 버는 것'과 '의미 있는 일을 하면서 사는 것'일 것이다. 누구는 돈을 많이 벌어 부자로 살기도 하고, 누구는 돈은 많이 못 벌어도 자신이 하는 일에 의미를 부여하며 만족하면서 사는 사람들도 있다. 나는 행복하게 사는 것이 최고의 삶이라고 생각하는데 그것에는 '물질적인 삶'과 '의미 있는 삶'이 모두 포함되어야 한다고 생각한다. 이 두 가지 조건은 필요하면서도 충분한 조건이라고 생각한다. '물질적인 삶'만 추구한다면 '배부른 돼지'가 될 수 있을 것이다. 반면에 '의미 있는 삶'만을 추구한다면 '배고픈 선비'가될 수도 있을 것이다. 따라서 둘의 균형을 맞추는 삶이 가장 행복한 삶이 아닌가 생각한다.

나는 『백만장자 메신저』의 저자 브렌든 버처드의 "메신저로 살면 의미 있는 삶과 물질적인 만족을 모두 잡을 수 있다."라는 말을 믿는다. 열정과 목적이 이끄는 삶, 그것이 바로 메신저의 삶인 것이다. 가장 가까이에서 나는 메신저의 삶을 살고 있는 사람을 보고 있다. 그분이 바로 〈한책협〉의 김도사님이시다. 이분은 메신저로서 '물질적인 삶과 의미 있는 삶'을 동시에 추구하면서, 그것을 실제로 보여주고 있는 것이다. 나 또한 김도사님처럼 이러한 메신저의 삶을 추구할 것이다. 그리하여 베스트셀러 작가로, 강연가로, 코치로, 컨설턴트로, 1인 창업가로 살아갈 것이다.

이 사회에 밝고 선한 영향력을 끼치는 메신저로서 의미 있는 삶과 물질적인 만족을 이루며 살 것이다. 의미있는 삶으로는 시골 마을에 집 주변으로 땅을 사서 사회복지재단을 설립하여 나이 드신 어르신들이 노후를 좀 더 편하게 사실 수 있도록 사회복지사업을 할 것이다. 그리고 물질적인 만족을 위해서는 1인 창업의 성공을 통해 5년 안에 100억대 상당의 빌딩을 사서 나의 집무실로 활용할 것이다. 이곳에 〈한국꿈도전코칭협회〉를 설립하여 사람들이 꿈도전을 통해 이 사회에 선한 영향력을 끼치는 일을 도울 것이다. 그리고 제주도에 별장도 지어 휴양을 하며, 1년에 한 번씩 크루즈 여행을 포함하여 세계 여행도 다녀올 것이다.

역사적으로 위대한 업적을 쌓은 사람치고 독서를 우선순위에 두지 않은 사람은 거의 없다. 당신도 이제 새벽에 일어나는 아침형 인간이 되어 아침 독서를 최우선순위로 두고 시작해보면 어떨까?

03

10년차 직장인
어느 날 갑자기 권고사직을 받다

1997년 12월 3일, 대한민국의 경제부총리는 IMF(현재의 금융위기)를 선언했다. 나는 뉴스를 보면서도 이 사태가 앞으로 나에게 어떠한 시련과 아픔을 줄지, 전혀 예상하지 못했다. 연일 주가는 폭락하고, 커다란 기업체들이 줄도산을 하고 있었다. 재계의 굵직한 대기업들이 줄줄이 도산했고, 부도 처리되었다. 텅 빈 나라 곳간은 결국 IMF를 불러들였다. 믿을 수 없는 현실이 연일 신문, 방송에 보도되었다.

1988년 가을, 나는 대학교 4학년으로 취업을 준비하고 있었다. 그리고

(주)아모레퍼시픽에 입사했다. 첫해는 수원에 있는 공장 총무과로 발령을 받았다. 1년 후 본사 총무부로 전근하여, 관재과에서 1년, 조달과에서 4년을 근무하였다. (주)아모레퍼시픽은 화장품을 주로 제조, 판매하는 회사로 영업 조직이 잘되어 있는 편이었다. 이때는 여러 부서를 두루 경험해보는 것이 임원 승진에도 유리하고, '나중에 퇴직하더라도 화장품 사업을 할 수 있을 것이다.'라고 생각했다.

관리 부서에만 있는 것보다 영업 조직을 경험하는 것이 좋다고 판단하고 영업부로 전근하도록 요청했다. 관리 부서와 영업 부서를 두루 경험하는 통합적 인재가 되고 싶었던 것이었다. 그렇게 해서 영업 조직의 최전선인 인천 지점으로 발령받았다. 처음으로 비교적 자유로운 영업 부서에 오니 좋았다. 하지만 그렇게 특약점 사장을 상대로 영업하는 것이 수월치만은 않았다. 영업이라고 해도 직접 소비자를 상대하는 것이 아닌 특약 대리점을 관리하는 간접 관리 형태의 영업이었는데도 말이다.

관리 부서에서 매일 책상에 앉아 사무 처리를 하다 보니, 육체노동은 거의 하지 않았다. 그런데 지점에서는 판촉물이 도착하면 영업사원들이 일일이 등짐을 지고 날라야 했다. 화장품 샘플 박스를 5단 높이로 등짝에 지고 나르기를 여러 번, 갑자기 허리에 무리가 왔다. 몸이 굳어 있었던 것이었다. 그렇게 며칠을 지내고 나서 조금 괜찮은가 싶었다. 그러나 며칠 지나서 결국에는 아무 일도 안 하고, 자동차 운전하기 위해 시승하는 찰나에 허리가 삐끗하고 어긋나갔다. 갑자기 허리를 움직일 수가 없었다. 그 길로 지점장님께 말씀드리고 한의원으로 가서 침을 맞은 다음에야 걸을 수 있었다. 직장 생활 5~6년 동안 회사에 출근하고 퇴근하기를 반복했을 뿐, 스트레칭이며, 별다른 운동도 하지 않았고, 할 시간과 엄두도 못 낸 탓이었다.

　그리고 연말이 되어 이동발령 명단이 떴고, 결국에는 내가 바라지 않던 영업지점 내 데포특약점(회사직영특약점) 관리를 하라는 발령을 받았다. 말이 관리이지 거의 영업 최전선에서 '노가다'를 하는 게 기본 일이었다. 허리가 안 좋아서 이런 곳의 발령만은 바라지 않았는데, 예상과 달리 그렇게 흘러가고 있었다. 신규 발령받은 지점인 데포특약점에 첫 출근하는 날, 급기야 일이 터지고 말았다. 역시나 판촉물 수백 박스가 와 있었고, 그것을 나와 여직원 세 명이 다 창고로 옮겨야 했다. 남자는 나 혼자라는 압박감과 중압감 때문이었을까? 판촉물 박스 5단을 등에 지려고 하는 순간, 허리에서 우두둑 소리가 나면서 그대로 주저앉았다. 숨을 쉴 수 없을 정도로 허리가 아팠다. 외마디 말도 못 하고 병원으로 갔다. 내 몸이 너무 약한 탓도 있지만, 너무 책상에만 앉아 있어서 생긴 일이었다. 그 후로 한 달간 한의원을 전전하면서 침을 맞고, 병가를 써야만 했다.

　그렇게 나는 다시 본사로 복귀했고, 관리 부서가 아닌 영업기획팀으로 돌아왔다. 그리고 영업기획팀에서 매달 영업 실적을 취합 보고하는 업무를 수행했다. 그런데 이 일은 영업 실적을 분석하고 영업기획안을 작성하는 것이어서 처음에는 재미가 있었는데, 시간이 지나다 보니 반복되는 일로 재미가 없었다. 그런 생각을 하고 있던 차에 기획실에서 '전산업무와 관련한 새로운 프로젝트를 시행하니 같이 할 사람들은 지원하라'는 공문을 접했다.

나는 새로운 일에 도전하고 싶었다. 무언가 좀 더 의미 있는 일을 하면서 나에게도 기술을 배울 수 있는 전산 업무에 도전하고 싶었다. 그래서 담당 부장님에게 메일을 보냈다. 그런데 웬걸? 담당 부장은 나의 직속 부장에게 이 사실을 얘기하고 협조를 구한 모양이었다. 그런데 우리 직속 부장은 이때부터 나를 안 좋은 시선으로 보기 시작했다. 자기가 싫어서 다른 부서로 가려고 하는 것으로 오해를 하고는 나를 나쁘게 본 것이었다. 결국은 신규 프로젝트로 가려는 나의 시도는 불발이 되었고, 나는 직속상관에게 미움을 받게 되었다. 그리고 직속 부장이 다른 곳으로 발령이 나면서, 나도 다른 부서로 이동 배치가 되었다. 그렇게 나는 폭탄 아닌 폭탄이 되었다. 폭탄 돌리기의 폭탄이 내가 된 것이었다.

내가 간 사업부로 새로운 안 부장이 임명되어 왔다. 나는 안 부장을 신뢰하였건만, 결국 부장은 나를 팽시켰고, 회사를 그만두게 만들었다. 이런 운명의 장난이 또 있을까? 그리고 1년이 지나서 나는 관리부가 아닌

다시 최전선 영업지점으로 발령을 받게 되었다. 그리고 이곳에서도 데포특약점의 관리 책임을 맡았다. 이렇게 나의 운명은 내 뜻과는 상관없이 제멋대로 흘러가고 있었다.

　드디어 사건이 터지기 시작했다. 그날은 데포특약점에 여사원을 신규 채용하는 날이었고, 나는 그 여사원에게 인수인계하느라 바쁜 시간을 보내고 있었다. 그런데 점심 때쯤 본사 직영관리부장으로부터 '들어오라'는 호출 전화를 받았다. '알겠다'고 말하고 바로 들어갔으면 좋았으련만, 나는 "제가 데포특약점 직원 인수인계로 이 업무 마치고 들어가겠습니다." 하고 전화를 끊어버렸다. 그리고 인수인계 업무를 다 마치고 저녁 6시가 넘어가서야 본사로 들어갔다. 본사에서는 난리가 나 있었다. 내가 전에 관리하던 파일을 못 찾고 있다는 것이었다. 나는 다 인수인계하고 왔는데, 없다는 것이었다. 그래서 나보고 와서 찾으라고 급히 호출 전화를 한 것이었다. 그런데 나는 내 입장만 생각하고 늦게 들어가다 보니 부장은 인사도 안 받고 "너란 놈은 필요 없다."라며 나를 내쫓았다. 그렇게 사건은 터진 것이었다. 그때서야 사태를 파악하고 무릎을 끊고 사죄드렸으나, 이미 부장은 정신이 나간 듯 욕을 하며 "필요 없으니 꺼져!"라고 호통을 치며 나를 또 내쫓았다. 기가 막힌 노릇이었다. '늦게 들어온 것은 맞는데 이렇게까지 화를 낼 수 있나?' 하는 생각이 들었다. 결국 나는 부장에게 제대로 찍히고 말았다.

나는 그 당시 이런 생각을 했었다. 누가 와도 '나는 나의 현재의 일을 충실히 할 것이다.' 이것은 대통령이 온다 하더라도 마찬가지이고, 이것이 '옳은 판단'이라고 생각했던 것이다. 이것이 화근이 되어 나는 그해 연말에 생각지도 않던 사직서를 제출하게 되었다. 그 일이 있고 나서 몇 달 후 부장은 나에게 면담을 요구했고, 그 자리에서 부장은 "너는 승진이 안 될 것이고, 나는 너를 회사에서 자를 수 있다. 그러니 사직서를 제출하는 게 낫지 않느냐."라고 협박에 가까운 압력을 행사했다. 본인이 있는 한 승진은 끝이라는 얘기다.

그렇게 나는 회사에서 승진이 어려운 상태였고, 앞으로의 나의 미래는 칠흑 같은 밤이 이어질 것이 뻔했다. 그리고 중요한 사실은 건강도 좋지만은 않은 상태로, 이러한 상황을 버티고 나갈 용기가 나질 않았다. 회사도 어려워 작년부터 명예퇴직을 강요하고 있던 터라 '위로금 더 받고, 나의 길을 가는 것도 나쁘지 않다.'라는 결론을 내렸다. 다행히 아내가 직장을 다니고 있어서 그나마 위안이 되었다. 처음에는 대학교에 가서 석사, 박사를 공부해 대학 교수가 되고자 옛 교수님을 찾아뵈었으나, '너무 나이가 많으니 하지 말라'는 대답이었다. 그때 내 나이는 38세였다. 그래서 나는 대학 때 못한 사법고시를 다시 해보고 싶었다. 딱 3년만 하기로 작정한 것이었다. 그렇게 해서 나는 부서장의 바람대로(?) 사표를 제출했다. 사회는 IMF로 대량 실업이 자행되고, 회사마다 명예퇴직을 하는 상

황이 전개되고 있었다. 결국 나도 그 시류에 스스로 몸을 던져 휩싸이고

만 것이었다. 그러나 준비 없는 퇴직은 '휘몰아치는 폭풍의 돛단배'처럼

이리저리 부딪히고 깨져나갔다. 내 인생은 힘겨운 삶의 고통으로 파묻히

게 되었다.

그 당시 내가 알고 있던 사실은 많은 사람들이 직장을 그만두고, 자신

의 새로운 도전을 위해 유학을 가거나, 대학원이나 고시에 도전한다는

것이었다. 이런 사실들이 나에게는 새로운 자극제가 되었다. 누구는 IMF

의 위기를 기회 삼아 재기한 사람들도 많다. 나 또한 그렇게 하려고 시도

했지만 결국 실패로 돌아갔고, 나의 미래는 혼돈 속으로 빠져들었다.

사람은 누구나 선택의 갈림길에 서게 된다. 만일 내가 사직서를 제출

하지 않았다면 지금과는 다른 삶을 살았을 것이고, 지금보다는 더 행복

한 삶을 살 수도 있었지 않았을까 생각한다. 과연 그랬을까? 나의 선택

은 정말로 잘못된 선택이었을까? 달리 생각해보면, 지금껏 내가 살아온

이유도 어쩌면 사직 후 술과 스트레스로부터 벗어나 건강에는 유리하게

작용하지 않았나 생각된다. 그렇지 않고 계속 회사를 다녔다면, 술을 마

시지 않을 수 없는 상황에 놓이게 되었을 것이다. 그랬다면 건강이 더욱

악화되어 일찍 세상을 등졌을지도 모른다.

이것만을 본다면, 정말 잘한 선택이 아닐까 하는 위안도 해본다. 사람

은 저마다의 생각과 행동을 하며 살아간다. 비록 내 인생이 실패로 점철되었다손 치더라도, 건강과 바꿀 수는 없는 노릇이 아닌가? 그래도 나는 이렇게 살아서 나의 인생 제2막을 준비하고 있으니 말이다.

04

읽고 자기 만족하는
독서는 이제 버려라

대부분의 사람들은 취미로 독서를 가장 많이 한다. 그러다 보니 재미
를 얻기 위한 책을 주로 선택하게 된다. 독서는 또한 고상한 취미로 인식
되기도 한다. 책을 옆구리에 끼고 다니는 대학생들을 보면 아무래도 지
적인 이미지가 물씬 풍긴다고나 할까? 물론 전문 분야와 관련된 책을 읽
을 때는 목적을 두고 읽는 것이니까 다른 차원이겠지만 말이다. 어쨌든
자기가 만족하는 독서는 머릿속 지식이 늘어나는 점이 클 것이다. 결국
인풋에만 만족하는 독서를 말하는 것이다. 그러니 사색이 기본이 되어야
하는 독서가 정작 사색은 없는 욱여넣는 독서가 되는 것이다. 항상 변화

가 없는 독서, 삶에 어떤 영향도 미치지 못하는 마치 '밑 빠진 독에 물 붓기' 식의 독서가 되는 것이다.

　나는 예전에 책을 한 권 다 읽으면 기분이 좋았다. 책의 내용을 음미하거나, 좋은 문장을 필사하는 활동은 하지 않은 채 책을 다 읽었다는 것에 만족감을 느꼈다. 그러다 보니 책을 여러 권 읽고 독서를 취미로 하여도 나의 생활은 변함이 없었다. 이제 보니 당연한 이치인 것을 그때에는 왜 몰랐을까? 아마도 시간이 충분하지 않기도 하지만, 제대로 독서하는 법을 몰랐기 때문이 아닌가 생각한다. 지금은 독서법에 대한 책이 무려 수백 권이나 나와 있지만, 나 어릴 적 학창 시절이며 대학 때는 독서법에 관한 책은 보지 못한 거 같다. 아마도 필요성을 크게 느끼지 못해서였을 것이다. 그리고 또 책을 정독해야 하는 걸로 생각해서 책을 한 권 읽는 데 며칠씩이나 걸리는 경우가 다반사였다. 그래서 그 당시에는 속독법이라고 해서 책을 빨리 읽는 방법이 유행하였고, 나 또한 고시 공부에 필요할 것 같아서 속독법도 잠깐 배웠다. 하지만 그것도 잠시, 큰 효과를 보지 못하고 흐지부지되고 말았다. 학창 시절 고등학교 때까지는 입시 준비에 책다운 책 한 번 읽지 못했다.

　대학에 들어가고 나서야 비로소 내가 원하는 독서를 할 수 있었다. '시집'도 사 보고, 소설책도 읽으며 독서를 취미로 삼아 시간이 날 때마다 읽었던 기억이 난다. 하지만 책을 읽었어도 내 머리와 가슴에 와닿는 그런 중요한 책을 그 당시에는 발견하지 못했다. 대학교 때도 법학을 전공하다 보니 미래의 판사가 되고 싶은 마음에 고시를 준비했다. 그러다가 스물네 살 대학교 3학년 때 학교에서 배가 몹시 아파서 인근 병원에 갔었고 그곳에서 청천벽력 같은 말을 들어야 했다. B형 간염 바이러스가 검출되었으니 큰 병원에 가보라는 것이었다. 나는 며칠 후 서울대병원에 예약을 하고 검진을 받았고, 결과는 B형 간염이었다. 나는 너무나 충격을 받았고 낙담, 실의에 빠졌다. 그래서 결국에는 고시를 포기하고 회사에 취업하기로 했다. 직장 생활 또한 아침부터 저녁까지 회사에 얽매여 살다 보니 독서다운 독서는 거의 하지 못했다.

그러면 성공한 사람들은 책을 읽을 때 자기 만족을 넘어 어떻게 읽고 활용했을까?

"책은 인생의 깃발이다. 평생 함께 가는 동반자다. 제대로 만나면 인생이 달라진다. 바라만 봐도 흐뭇해진다. 밥 안 먹어도 배부르다."

20세기를 대표하는 미국의 사업가이자 투자가, 투자의 귀재라고 불리는 버크셔 해서웨이의 CEO 워런 버핏은 하루에 5~6시간 동안, 여러 가지 신문을 본다. 수백 장의 문서와 사업 보고서 등도 검토한다. 그는 "누구나 책을 읽을 수는 있지만, 꾸준히 책을 읽지는 않는다."라고 했다. 집중적으로 꾸준히 읽는 것이 중요하다는 말이다. 이런 방법으로 그는 투자의 방향성과 투자의 원칙들을 익혔다고 한다.

페이스북의 CEO 마크 저커버그는 2015년 그의 페이스북에 "다른 문화나 신념, 역사 및 테크놀로지에 대한 학습에 중점을 두고 격주로 한 권씩의 책을 읽으려고 한다"고 직접 말했다. 21세기 최대의 온라인 세계를 탄생시켰지만 그는 오히려 책을 통해 관련 주제를 더 깊게 연구할 수 있었다고 말했다.

토크쇼의 여왕, 오프라 윈프리는 1996년부터 2010년까지 자신의 쇼에 '북클럽'이라는 코너를 만들어 다양한 책을 소개했다. 한 번 소개하면 곧바로 베스트셀러에 등극하는 신화를 일으키며 미국 전역에 독서 열풍을 일으켰다. 그녀는 "독서는 내가 가보지 못한 다른 세계를 가볼 수 있게 한다."라고 말했다.

오늘날 세계에서 가장 성공한 사람들은 자신에게 필요한 목적을 가지고 독서를 한다. 우리도 모두 성공하고 싶어 한다. 그렇다면 성공한 사람들처럼 독서하는 방법도 따라 해보면 된다. 그것이 시작이다.

이제 나는 예전의 내가 아니다. 아니, 예전처럼 책을 읽고 자기 만족에 머무르는 내가 아니다. 왜냐하면 내 육십 평생을 살아오면서 읽고 자기 만족 하는 독서는 아무런 쓸모가 없다는 것을 깨달았기 때문이다. 독서는 자신을 변화시킬 수 있어야 하고, 그 결과로 다른 사람, 더 나아가 사회를 변화시킬 수 있어야 한다.

어쩌면 자기 만족만 하는 독서는 시간 낭비일지도 모른다. 가끔은 몸과 마음이 지칠 때 책을 읽고 자기 만족에 빠질 수는 있다. 하지만 매번 책을 읽고 자기 만족만 하면 나 자신의 발전이 없는 것이다. 어제보다 나은 오늘, 오늘보다 나은 내일을 위해서라도 자기 만족하는 독서는 버려야 한다. 인생은 시간으로 구성되어 있다. 시간은 황금보다도 더 귀하다고 한다. 왜냐하면 황금은 돈으로 환산하고 바꿀 수 있지만, 시간은 돈으로 환산하거나, 바꿀 수 없기 때문이다. 자, 이제 읽고 자기 만족하는 독서는 쓰레기통에나 버리자.

05

취미 독서가 생존 독서로 바뀌다

코로나19가 시작되던 2020년 1월, 처음 중국 우한에서 발병한 바이러스는 하나둘씩 각국으로 전파되었다. 우리는 몇 년에 한 번씩 유행하는 사스니, 메르스니 하는 유행성 독감 정도로만 인식했다. 하지만 이번 바이러스는 세계보건기구 WHO가 전 세계적으로 팬데믹을 선언하면서 사태는 급박하게 돌아갔다. 세계 대유행을 인정한 것이었다. 그 사이 바이러스는 국경 없는 하늘을 통해 비행기로 전 세계에 급속도로 퍼지고 있었다. 우리나라는 중국의 최인접 국가이다 보니 더 빠르게 전파되었는지도 모른다. 세계보건기구 WHO와 각국 정상들이 우물쭈물하던 사이, 손

쓸 수 없는 지경으로 코로나는 맹위를 떨치고 있었다.

특히 미국은 세계 최강대국이었지만, 코로나19에 대한 대처가 다른 국가에 비해 미흡했다. 트럼프 행정부는 이 문제를 심각하게 고려하지 않았고, 트럼프 대통령의 재선을 위해 경제와 외교 문제에만 매달렸다. 결과는 트럼프 낙선, 바이든 후보가 당선이었다. 누구도 예상하기 어려운 일이 벌어진 것이었다. 트럼프는 대선 결과에 불복하며, 미국 역사상 가장 불명예스러운 퇴진을 해야 했다. 이것의 시발점은 코로나19에 대한 트럼프 행정부의 무사안일의 태도로 수천만 명이 코로나19에 걸렸고, 사망자도 세계에서 제일 많은 수십만 명을 기록했다. 코로나19 사태 대응 미흡으로 미국의 유권자들이 '위대한 국가 건설로 퍼스트 미국'을 주창하던 트럼프에게서 등을 돌린 것이었다.

우리나라는 어땠을까? 이전에 겪었던 신종 플루, 중동 호흡기증후군 메르스 등을 잘 극복하면서 쌓아온 기술력으로 나름 준비를 해왔다. 하지만 많이 혼란스럽고 분주했다. 코로나 사태는 진정될 기미가 보이지 않았다. 경제 상황은 더욱 악화되었고, 직장인들도 재택근무 비중이 늘어갔다. 대부분의 국민이 불안한 마음으로 연일 TV를 지켜보며 한숨 지었다. 그래도 처음에 다행스러운 것은 코로나 키트라는 검사 방법을 개발해 코로나19 발병자를 빠르게 색출했던 것이었다. 그래서 초창기에는 다른 나라에 검사 키트를 수출도 하며, 코로나 방역의 선두가 되었다.

하지만 그것도 잠시 계속적으로 이어지는 코로나 환자 급증으로 한계에 도달했다. 코로나19 환자 발견이 문제가 아니라, 코로나19 백신을 만들어 예방하는 것이 급선무였다. 하지만 정부는 코로나 키트를 활용한 코로나19 확진 판정에만 집중하다 보니, 정작 코로나19 백신 수급이 다른 나라에 비해 상대적으로 늦었다. 코로나 환자 수는 연일 500~600명 수준을 유지하고 있었다. 사회적 거리두기도 전국적으로 지속되었다. 이로 인해 자영업자들은 숨을 쉬기조차 힘들 정도로 생계의 어려움을 걱정해야 했다. 정부에서 여러 차례에 걸쳐 재난지원금을 지급했으나, 그것은 '새 발의 피'요, '언 땅에 오줌누기'였다.

코로나로 인해 온라인 시장은 '언택트'에서 '온택트'로 급변하고 있다. 코로나19 덕분에 지식산업이라 불리는 '온택트' 온라인 강의 시장이 활짝 열린 것이었다. 예상보다 5년이나 앞당겨졌다고 업계에서는 자평하고 있다. 눈치 빠른 사람들은 밖에 나갈 수 없는 이러한 틈을 타서 온라인 줌(ZOOM) 시장으로 몰려들었다. 독서도 이러한 상황에서 다시 각광받게 된 것이었다. 집에 머무는 시간이 많다 보니, 무료하고 지루한 일상을 타파하려고 책을 손에 들게 된 것이다. 그래서 온라인과 SNS 시장에 각종 독서 모임이 우후죽순처럼 생겼고, 사람들은 새로운 언택트 시장에서 새로운 독서의 장을 펼치고 있는 것이다.

이제 더 이상 취미 독서가 아닌 생존을 위한 독서가 필요해진 것이다. 우리는 깨닫고 있다. '단순한 취미로서의 독서로는 이 복잡하고 혼란한 세상을 지혜롭게 살아가기에는 너무 부족하다'는 사실을 말이다. 취미 독서를 넘어 생존을 위한 독서가 절실한 이유이기도 하다.

그러면 생존 독서란 어떤 독서를 말하는 것일까?

『생존 독서』의 저자 이은미 작가는 책에서 "생존 독서는 한 권의 책을 읽더라도 스스로를 살리고, 세우는 힘이 있는 독서를 하라는 의미다."라고 말했다.

이 책을 쓰고 있는 나도 지금까지는 독서를 '취미'로 생각해왔다. 하지만 육십 평생을 되돌아보니, 그동안 많은 책을 읽었음에도 변한 게 하나도 없는 것이었다. 결국 취미 독서로는 인생에 커다란 변화를 이룰 수 없음을 깨달았다. 그래서 나는 인생 제2막을 위해 생존을 위한 독서로 바꾸었다. 나에게 생존 독서는 '책 읽기와 책 쓰기'이다. 단순히 책을 읽는 것이 아니라, 책을 쓰기 위한 목적에서 책을 선택해서 읽는 그런 독서를 말한다.

이러한 생존 독서는 책을 읽고, 책에다 밑줄도 긋고, 중요한 사항은 형광펜으로 칠하기도 한다. 또한 순간순간 떠오르는 아이디어나 생각들을 책 여백에 메모한다. 그리고 책을 다 읽고 나서는 실행하고 행동할 것들을 간추려 실행해보고, 도전도 해본다. 이렇게 하게 되면 책 한 권을 적어도 세 번 정도는 읽게 되고, 책의 중요한 핵심을 파악하게 된다. 그리하면 저자의 핵심 의미를 전부 가져와 나의 살아 있는 지식으로 체화할 수 있는 것이다.

우리나라 직장인이라면 어떨까?

생존 독서는 변화를 바라는 유연한 인재로 거듭나는 독서 기술이다. 직장인들이 '책 읽기'를 통해 끊임없는 자기계발을 하지 않는다면, 생존의 위협을 받게 될 것이다. 생존 독서는 직장인들을 위해 독서력을 업그레이드시킬 것이다. 독서력을 길러 위기에 슬기롭게 대처하고, 변화에 따른 유연한 사고를 지닌 인재로 거듭나게 될 것이다.

생존 독서에 대해 다시 한번 생각해보자. '생존 독서'란 '생존하기 위한 독서'를 말할 텐데, 독서를 안 하면 마치 생존을 못 할지도 모른다는 뉘앙스를 품고 있다. 그러면 독서를 하지 않으면 죽기라도 한다는 말인가? 곰곰이 생각해볼 일이다. 독서란 주로 대부분의 사람이 삶을 풍요롭고 여유 있게 향유하기 위한 방편, '취미'로 생각하는 경우가 다반사일 것이다.

그럼 '취미'란 무슨 의미인가? 어학사전의 정의를 빌려보면, '전문적으로 하는 것이 아니라, 즐기기 위하여 하는 일'이라고 되어 있다. 즉 '즐기기 위해 쉬엄쉬엄한다'는 뜻으로, 이 말은 '해도 그만, 안 해도 그만'인 일을 말하는 것이다. 그렇게 시간이 나면 하고, 할 일이 없을 때 하는 것이 취미라면, 그 반대로 '죽기 살기로 하는 것이 생존 독서'일 것이다. '생존'이란 사전적 의미를 보면 '살아 있음 또는 살아남음'을 의미하는 뜻으로 되어 있다. 독서를 해야만이 '살아 있음'을 뜻하는 것이고, 독서를 함으로써 '살아남음'을 뜻하는 것이리라.

그런 만큼 독서는 이제 취미 생활하듯 어영부영하는 것을 버리고, 이 세상에, 이 사회에서 살아남고, 살아 있음을 느낄 수 있도록 치열하고, 독하게 독서를 해야 하는 것이다. 그러면 생존을 위한 조건으로 '치열하고 독하게 하는 독서'는 어떤 것일까? 그리고 어떻게 하는 것일까? 내가 생각하는 '치열하고 독하게 하는 독서'는 무턱대고 읽는 독서가 아니라, 계획을 세우되, 목적을 가지고 결과를 도출해내기 위한 독서여야 한다고 생각한다. 예를 들자면, 건강과 관련한 책을 읽고자 한다면, 내가 읽고자 하는 건강 관련 책을 적어도 20~30권 정도를 구입해서 읽어보라는 것이다. 소위 독서법 중에서 말하는 '수직적 독서'를 말하는 것이다. 그렇다면 당신은 그 많은 책을 언제 읽느냐고 반문할 것이다.

그러면 나는 이렇게 답을 할 것이다. 우리는 지금 취미 독서가 아닌 생존 독서를 말하고 있다. 이것은 '건강'에 관련된 책을 읽어야 하는 절체절명의 상황에 놓여 있다. 암과 같은 질병에 걸렸다고 가정해본다면 당신은 어떻게 할까? 당연히 살기 위한 모든 방법을 강구할 것이다. 가장 빠른 수술을 먼저 고려할 것이고, 다음은 전문가의 의견을 청취할 것이고, 각종 건강 관련 강의나 강연을 들을 것이다. 또한 암과 관련된 책을 분명히 사볼 것이다.

이렇게 책을 사보면 어떻게 볼 것인가? 시간도 많지 않을 것이다. 그러면 어떻게 그 많은 책을 보고 필요한 정보나 지식을 습득할 것인가? 그 비결을 간단하게나마 말하자면, 목차를 먼저 보고 관심 가는 목차부터 먼저 보는 것이다. 정독할 필요도 없다. 내게 필요한 지식만 습득하면 되기 때문에 20~30권이라고 해도 그리 많은 시간을 허비하지는 않을 것이다. 마치 뷔페식당을 연상해보면 쉽게 이해할 수 있을 것이다. 뷔페식당에 가봐서 알겠지만, 수많은 반찬 중에서 나에게 맞는 음식을 조금씩 덜어서 먹으면, 얼마나 맛이 있던가? 이것이 뷔페식의 장점이듯이 독서도 한 분야의 책을 최소한 10권 이상을 구입해서, 읽고 싶은 부분부터 먼저 읽는다면, 반드시 생존을 위한 독서에 도움이 되리라고 확신한다.

한두 권 읽는 것으로는 생존하기가 어렵다. 여러 사람이 생각하는 방향과 목적에 따라 책도 달라지듯이, 우리의 삶에 있어서 독서도 생존을 위한 독서는 달라야 하기 때문이다. 관심 가는 영역의 책을 반드시 여러 권을 동시에 함께 읽어보자. 자, 이제 단순한 취미 독서를 넘어 생존 독서를 할 마음의 준비가 되었는가?

06

내 인생은 왜 이 모양일까?

    사람이 인생을 살다 보면 자신의 생각과 달리 전개되는 경우가 많이 있을 것이다. 나의 생각대로 되지 않는 일이 얼마나 많은가? 고3 시절 내 생각과 달리 모의고사 점수는 전혀 다른 방향으로 흐르고 있었다. 마음은 서울대를 가겠다고 생각했지만, 현실은 전혀 못 미쳤다. 결국 학력고사를 치렀으나, 예상 외로 점수는 저조했다. 고3 담임선생님과 면담을 했다. 정치외교학과를 가겠다고 했다. 그러나 선생님은 "대학 가서 밥 빌어먹으려고 하냐?"고 단호히 거절하며, 경영학과 쪽으로 써주었다. 그렇게 내 뜻과 무관하게 대학을 입학하게 되었다. 역시나 경영학과는 나의 적성에 안 맞았다.

　대학을 가기 위해서 제대로 놀지도 못한 나와 대학교 1학년 청춘들은 마치 '고삐 풀린 망아지'처럼 이리 뛰고 저리 뛰어다녔다. 그렇게 신나게 대학 1학기를 마쳤다. 아마도 내 평생 가장 자유롭고 신나게 놀아본 것은 이때가 처음이자 마지막일 것이다. 그때 무리 지어 같이 놀던 친구들이 대여섯 명 정도 되는데, 그중에는 과 수석으로 들어온 친구도 있었다. 그런데 이 친구는 2학기 되자마자, 대학을 그만두고 재수하겠다고 선언했다. 이때 나는 강한 충격을 받았다. 나도 더 좋은 대학에 갈 수 있는데 이곳에 있을 수는 없다고 생각했다. 하지만 방법은 좀 더 좋은 대학으로 편입할 수 있는 길이 있었다. 그렇게 운명의 여신은 이때부터 나를 구렁텅이로 몰아가고 있었다. 지금 생각하면 '친구 따라 강남 가기' 혹은 '꼴뚜기가 뛰니, 망둥도 뛴다'는 꼴이 나의 상황을 말해주는 것이었다.

　그렇게 나는 연대 편입학을 목표로 종로에 있는 편입 학원을 다니게 되었다. 그런데 11월쯤에 편입학 시험이 폐지되어 올해는 뽑지 않는다는 것이었다. 나는 마치 '닭 쫓던 개 하늘만 쳐다보기'처럼 먼산만 바라보아야 했다. 편입학 시험공부에 열중하다 보니, 대학 2학기 성적은 그야말로 개판이었다. 아니 '빵구'가 난 것이었다. 그래서 나는 이렇게 된 거, 다시 재수해서 대학을 좀 더 좋은 대학으로 가기로 마음먹었다. 그렇게 시험공부도 하지 않고, 학력고사를 다시 보았다. 결과는 작년보다 못한 점수가 나왔다. 다시 기존의 대학교에 가서 학적과에 문의하니, 재입학이 안 된다는 것이었다. 울며 겨자 먹기로 삼수를 해야 했다.

결과는 예상대로 중상위권은 갈 수 있는 점수였다. 하지만 나는 무리하지 않고 하향 지원하기로 했고, 법학과를 들어가서 고시에 패스하는 것이 목표였다. 그래서 처음 입학했던 그 대학교에 과를 바꿔서 입학하게 되었다. 결국 뜻하지 않게 5수를 하고 다시 제자리로 온 것이었다. 왜 그랬을까? 그 대학이 싫어서 이렇게 고생고생을 했는데 다시 그 대학으로 가다니? 이해가 안 될 것이다. 하지만 나는 그때 생각으로는 '권토중래'와 '와신상담'의 마음으로 고시 패스를 목표로 다시 그 대학으로 가기로 한 것이었다. 하지만 이러한 나의 뜻하고는 무관하게 내 인생은 제멋대로 펼쳐지고 있었다.

법학과 2학년 때 갑자기 배탈이 나서 병원에 가니 간염이라고 했다. 그래서 서울대병원에 가서 정밀 검사를 받으니. B형 만성간염으로 관리하지 않으면, 5년 내에 사망할 수 있다는 청천벽력 같은 말을 들어야 했다. 나는 인생이 끝나는 줄 알았다. 내 몸이 이토록 약하고, 병에 걸려 곧 죽을 수도 있다니, 너무나 처량하고 한탄스러웠다. 죽어버리고 싶다는 생각이 머리에서 맴돌았지만, 홀로 나를 위해 희생만 하고 사시는 어머니를 생각하니 그럴 수는 도저히 없었다. 하염없이 눈물을 혼자 흘려야 했다. 나는 왜 이렇게 인생이 꼬이는 걸까?

회사생활도 나에게는 순조롭지 않았다. 첫 입사하고 나서 가을쯤 직원 신체검사에서 B형 간염이 발견되어 휴직 3개월을 선고받은 것이었다. 나는 처음 발령받은 곳이 수원이라 서울에서 출퇴근하기에 멀어서 이직을 생각했었다. 휴직 3개월 동안 제대로 몸을 관리하지 않고, 여기저기 입사 서류를 제출하고 다녔다. 제일은행은 내가 면접까지 가게 되었다. 하지만 신체검사에서 탈락하고 말았다. 나의 운명은 여기까지였다. 결국 다시 3개월 후 복직했고, 그해 겨울 본사로 발령받아 서울로 오게 되었다. 나는 총무부 관재과, 조달과로 이동 배치되었다. 조달과에서는 착실하고, 성실하게 업무를 수행했다. 그래서 아무런 어려움 없이 대리까지 순조롭게 진급을 했다.

이제 나도 변화를 모색하고 싶었다. 영업부 지점에 나가 현장 경험을 해보고 싶었다. 나는 쉽게 인천 지점으로 발령을 받았다. 하지만 생각과 달리 현장은 머리가 아닌, 몸으로 하는 일이 많았다. 기본적인 체력이 반드시 필요했다, 나는 어려서 허리를 다친 적이 있었다. 이것이 결국 말썽을 부렸고, 이것이 도화선이 되어 나의 영업지점에서의 생활은 엉망으로 흘러갔다. 허리를 삐는 바람에 병원을 다니다 보니, 영업부에서의 나의 평판은 점점 더 나빠졌다. 결국 담당 사업부장과의 말실수로 인한 불화로 나는 예상치도 않던 회사에 사표를 제출하는 운명을 맞아야 했다.

그렇게 자의반 타의반 회사를 나오게 되었다. 그 후로 2년간을 신림동 고시촌에 들어가 고시에 대한 나의 마지막 열정을 불태웠다. 어느 날 머리가 띵 하면서 책을 읽는데도, 글자가 하나도 눈에 들어오지 않았다. 왜 이러지? 그때 나는 처음으로 나의 한계를 깨달았다. 더 이상 공부가 되지 않았다. 지금에 와서야 깨달은 것은 그때가 바로 '내가 임계점에 다다랐다'는 것이다. '그 순간만을 견디고 넘어섰더라면, 나는 고시를 패스해서 원하는 변호사가 되어 있지 않았을까?' 하는 아쉬움이 물밀듯 밀려왔다.

그렇게 신림동을 나와 집에서 가까운 도서관에 다니며, 법무사 공부를 하기로 했다. 몇 달을 말을 안 하고 공부에 매진하다 보니, 목소리가 이상했다. 갑자기 목에서 말이 안 나오고, 이상한 소리가 났다. 그 후로 병원을 가보니 후두염이라는 것이다. 그것도 질이 안 좋은 다발성유두종으로 수술해도 계속 자라기 때문에 수술도 어렵다는 것이었다. 중요한 것은 말이 안 나오고 목소리에서 쉰 소리가 나는 것이었다. 그 후로 서너 번의 수술을 더 했지만, 별 효과를 거두지 못했다.

그래서 결국 나는 고시를 포기하고 부동산을 하기로 했다. 공인중개사 자격증으로 인천에서 사무소를 공동으로 시작했다. 신입 직원을 뽑고 처음부터 모든 것을 가르쳐주었다. 1년간 직원은 자신의 일을 충실히 했다. 하지만 어떠한 사유인지 나의 말을 거역하는 일이 벌어졌다. 그렇게 사이가 좋다가 한순간에 나빠졌다. 직원은 사표를 제출했고, 그 후로 6개월 동안 인근 아파트에서 타부동산 직원으로 근무했다. 그리고 내 바로 옆 부동산 사무소로 다시 돌아온 것이었다. 이것은 나에 대한 배신의 시작이었다. '여자가 한을 품으면 오뉴월에도 서리가 내린다'고 했던가? 나는 '이런 배신이 어디 있냐'며 '배은망덕도 유분수지!' 하며 소리쳤다. '다시는 서로 얼굴 보지 말자'고 화를 냈다. 하지만 이것은 그 후에 닥칠 불행의 전조였을 뿐이었다. 슬슬 내 부동산의 고객을 빼가기 시작하였고, 내가 계약한 물건을 해약시키고, 빼앗아 계약하는 일이 다반사였다. 고의적으로 물건을 빼앗고 손님도 빼내어 계약을 했다. 급기야 나는 민사소송까지 제기하기에 이르렀고. 서로의 감정은 '건너지 말아야 할 강을 건넌 것처럼' 돌이킬 수 없는 지경으로 치달았다. 그렇게 2년이 흘러갈 무렵 나는 갑자기 내 소변에서 피가 나오는 것을 처음으로 목격했다. 이럴 수가! 어떻게 소변에서 피가 물처럼 나올 수 있지?

다음 날 병원으로 가서 검사를 받았고, 며칠 후 결과는 충격적이었다. '암'이란다. 나는 평소에 간이 나쁘니 처음에는 간암인 걸로 생각했었다. 하지만 그것도 전혀 예상치도 못한 '신장암 1기'였다. 천만다행이었다. 그나마도 빨리 발견해서 다행히 수술로 제거가 가능하단다. 암 덩어리의 크기는 1.5cm였다. 그렇게 나는 죽음의 공포로 다시 떨어지게 된 것이었다. 그렇게 두 번째 죽음의 길목을 걷고 있었다. 다행히 수술은 잘되어 지금까지는 별 탈 없이 잘 살고 있다.

하지만 또다시 '목'이 문제였다. 돈을 많이 못 벌어도, 말을 해야 무슨 일이든 할 게 아닌가? 그래서 나는 다시 목 수술을 감행해보기로 했다. 의사는 '잘못되면 영영 말을 못 할 수도 있다'고 경고했다. 결국 나는 부동산 영업을 포기하기로 했다. '말을 하는 직업은 더 이상 안 되겠다.'라고 생각했다. 그래서 지금도 하고 있는 온라인 비즈니스 사업을 시작하게 되었다. 하지만 나이 많은 사람은 경쟁력이 떨어져서 생각만큼 매출을 못 올리고 마지못해 하고 있다. 그렇게 목 수술을 계속해서 세 번 했고, 천만다행히도 경과는 좋았다. 이제는 목소리가 조금 돌아왔다. 예전의 50% 정도 되지 않나 생각된다. 천운이란 생각이다.

그래서 나는 인생 제2막의 새로운 인생을 위해 사회복지사 2급을 취득했다. 그 사이 친구가 추천하는 주택관리사시험도 6개월가량 준비했다. 하지만 불행히도 떨어지고 말았다. 그래서 나는 사회복지사 1급 시험에 2달을 남기고 도전해보기로 했다. 이왕이면 1급 자격증 따서 전문가로 대접받고 싶었다. 그러나 사회복지사 1급 국가시험장에서 어이없는 일이 벌어지고야 말았다. 단지 몇 초 사이로 늦게 냈다는 이유로 답안지 수령을 거부한 것이었다. 결국 나는 '감독관지시불응'이란 어이없는 죄목으로 '0점' 처리되었다. 나는 다음 날 곧바로 이의를 신청했고 지금은 행정 쟁송 중에 있다. 결과가 어떻게 나오든 나는 미련을 버렸다. 하지만 이런 어이없는 일들이 일어나는 현상을 이해할 수가 없다. 이런 말도 안 되는 상황을 무엇으로 설명해야 할까? 내 인생은 왜 이 모양일까?

07

인생은 읽는 대로 바뀐다

'인생이 읽는 대로 바뀐다.'라는 의미는 무엇일까?

'사람이 책을 읽음으로써 책 내용에 따라 인생이 바뀔 수 있다.'는 말이 아닌가? 사람은 사물을 보고, 듣고, 읽으면서 생각을 하게 된다. 사람이 보는 것, 듣는 것보다 읽는 것은 더 적극적인 행동을 요한다. 보는 것과 듣는 것은 수동적으로도 할 수 있는 일이다. 눈을 뜨면 보이고, 귀를 쫑긋 세우면 더 잘 듣는다. 하지만 읽는 것은 스스로 적극적으로 글자를 해독해나가는 행동을 필요로 한다. 그래서 읽는 대로 사람은 영향을 받게 되는 것이다. 읽음으로써 생각하게 되고, 생각함으로써 판단할 수 있게 되는 것이다.

"오늘날 우리의 모습은 우리가 읽은 것의 결과다. 우리가 읽은 그 모든 책은 우리의 기억 속에 스며들어 우리가 세상을 보는 법, 느끼는 법, 생각하는 법에 영향을 미친다."라고 프랑스 사회학자 니콜 라피에르는 말하고 있다. 라피에르의 말처럼 우리는 책을 통해 간접적으로 세상을 보고, 느끼고, 생각하는 것에 영향을 받는다. 현재의 우리의 모습은 그렇게 받은 영향 때문이다. 그러니 우리는 읽는 대로 바뀐다고 말할 수 있을 것이다.

예를 들어본다면, 사람이 소설을 읽는다고 해보자. 그러면 독자는 책 속의 주인공처럼 느끼고, 생각하고, 행동하려 한다. 독자가 소위 말하는 '소설 속의 주인공'이 되어 감정이입을 하는 것이다. 그것은 책 속의 스토리 속으로 빠져들어가는 것이다. 그렇게 하다 보니, 슬픈 소설을 읽을 때는 그 감정 때문에 눈물을 흘리기도 하고, 즐겁고 재미난 소설을 읽을 때는 읽는 독자도 신나고 재미있게 된다. 그래서 '책을 읽게 되면 읽는 대로 바뀐다.'라는 말이 나오는 것이다. 특히나 책 속의 내용이 자신의 경험과 내용이 유사할 경우에는 책의 내용에 깊이 빠져들게 된다. 독서가 독자들의 마음을 능동적으로 작용하게 하며, 삶을 자극하는 것이다.

책을 읽고 인생이 바뀐 사람들의 사례는 많다.『독서 고수들의 독서법을 훔쳐라』를 보면 다음과 같이 기술하고 있다. 인도 정치 지도자 간디는『시민의 불복종』, 영국 총리 처칠은『로마제국의 쇠망사』, 미국 대통령토머스 제퍼슨은『통치론』, 스위스 교육학자 페스탈로치는『에밀』을 읽고인생이 바뀌었다. 노벨문학상을 받은 터키 소설가 오르한 파묵은 소설『새로운 인생』에서 주인공 오스만의 입을 빌려 "어느 날 한 권의 책을 읽었다. 그리고 나의 인생은 송두리째 바뀌었다."라고 묘사했다. 이처럼 책을 읽고 인생이 바뀐다면 사람은 읽는 대로 만들어진다고 할 수 있을 것이다.

책을 읽고 나의 인생이 바뀐 사례를 들어보자. 나는 38세의 나이에 준비 없는 퇴직을 했다. 그렇지만, 오래도록 마음에 품고 있던 고시의 꿈을위해 도전하였다. 하지만 건강 이상으로 중도에 포기하게 되었다. 이때절망의 시기에 한 가닥 희망의 불빛을 보았다. 그것은 불혹을 넘긴 나이에 한 가닥 희망을 가질 수 있도록 해준 작은 책이었다.

바로 알랜 줄로가 짓고 강영규 님이 번역한『대기만성한 사람들에게서배우는 성공의 지혜』라는 책이다. 이 책에 나오는 주인공들은 하나같이기업체에서 승진의 승진을 거듭하여 승승장구 최고의 자리에 오른 사람들이 아니다. 그들은 중년의 나이를 넘어서 자신의 길을 가기 위해 고정

관념을 버린 사람들이었다. 그들은 위기를 기회로 활용했으며, 꿈과 비전을 결코 버리지 않았다.

월마트의 창업자 샘 월튼이 1호점을 개설할 때의 나이는 44세였다. 포드자동차 회사를 세운 헨리 포드는 40세, 에이브러햄 링컨은 40대에 상원의원 선거에서 두 번씩이나 패배하였음에도 다시 정계에 뛰어들어 미국의 대통령이 되었다. 미국의 권투선수로 유명했던 전설의 핵 복서, 조지 포먼은 45세의 나이에 세계 챔피언의 자리를 재탈환했다. 화장품회사를 설립하여 최고의 회사로 성장시킨 메리 케이 애시는 48세의 미망인이었다. 맥도널드를 창업하기 전 레이 크록은 52세의 세일즈맨이었고, 커넬 샌더스가 켄터키 후라이드 치킨 체인점을 모집하기 시작한 나이는 무려 65세였다.

나는 이 책을 읽으면서 '나이는 숫자에 불과하다.'라는 사실을 깨달았다. 그래서 가슴속에는 대기만성한 사람들을 떠올리며 이렇게 생각했었다. '비록 젊은 나이에 성공은 하지 못했지만, 꿈을 가지고 있는 한 언젠가는 반드시 성공할 것이다. 나이가 조금 더 들고, 시간이 지나도 꼭 성공할 것이다.'라고. 나는 결코 포기하지 않는 끈기와 열정을 가지고 산다면 반드시 성공할 것이라는 것을 믿어 의심치 않았다. 이토록 사람은 책을 읽는 대로 생각하고, 행동하고, 실천하게 됨으로써 읽는 대로 바뀐다는 말이 되는 것이다. 그러니 성공에 나이는 중요한 게 결코 아니며, 숫자일 뿐임을 인식하자.

나는 어려서부터 책을 좋아했다. 집안이 가난해서 책을 많이 사볼 수는 없었다. 하지만 나는 책 중에서 위인전이나 자기계발, 성공과 관련된 책을 주로 읽었다. 그러다 보니 나의 머릿속에는 온통 성공한 위인들을 따라 '나도 성공하고 싶다.'라는 강한 열망을 갖게 되었다. 나는 한때 군인이 되고픈 때도 있었다. 고2 때 육군사관학교 동문 선배님들이 입학 설명회를 하러 우리 고등학교에 왔었다. 육군사관학교 제복은 누가 봐도 너무 멋있었다. 육군사관학교는 군대의 장교를 기르는 학교로 "문무를 겸비한 인재가 될 수 있다."라는 선배님의 말씀이 가슴에 와닿았다.

그 당시에는 박정희 대통령 시절이었다. 박정희 대통령도 육군사관학교 출신이 아닌가? 그 당시에 박정희 대통령에 관한 책도 읽었던 기억이 난다. '박정희 대통령처럼 육군사관학교를 나오면, 대통령도 할 수 있는 거 아닐까?' 하는 허무맹랑한 꿈도 잠시 꾸었던 것 같다. 그래서 '육군사관학교를 가겠다'고 원서를 써달라고 했지만, 고3 담임 선생님은 나에게 원서를 써주지 않으셨다. 결국 그 꿈은 시도조차 하지 못하고 말았지만, '내가 그때 육군사관학교에 지원하고, 합격해서 진학을 했다면 어떤 삶이 펼쳐졌을까?' 하고 가끔 생각하게 된다. '몸은 최고로 튼튼하고 건강할 것이고, 공부도 재미있게 하면서 이 나라의 훌륭한 간성이 되지 않았을까?' 하는 아쉬움이 남아 있다.

　항상 사람은 인생을 살다 보면 두 갈래 내지는 여러 갈래의 길에서 선택을 해야만 하는 상황에 부딪친다. 그 중에서 한 가지를 선택하지만, 늘 선택하지 않은 길에 대한 미련은 가지고 있다. 나름대로 그 당시에는 최선이라고 생각하고 선택하지만, 그래도 선택하지 않은 길에 대한 미련은 누구나 갖고 있을 것이다. 하지만 나는 지금 이런 생각을 한다. 내가 선택한 길은 나의 운명이며, 이미 그렇게 선택하도록 프로그래밍되어 있다는 것을. 이 세상 창조주 하나님은 나의 미래를 이미 계획해놓았다는 사실이다. 그것의 결과를 바라보는 관점에 따라서 평가가 달라질 수가 있다는 것이다.

　"시련은 변형된 축복이다."라는 말이 있다. 사람이 이 세상에 태어난 것은 다 이유가 있으며, 사람마다 저마다의 사명을 타고 나는 것이다. 이러한 사실을 깨닫는 자가 있는 반면, 전혀 이런 것을 알지 못하는 사람이 있는 것이다. 우리는 누구나 한 가지 이상의 달란트를 가지고 있으며, 하나님의 자손으로 그 능력을 발휘할 수 있는 것이다. 어떻게 살아가느냐는 각자의 생각과 태도에 달려 있다는 말이다.

　자, 이제 우리는 어떤 삶을 살기를 원하는가? 그러한 목적이 있는 삶을 살기 위해 어떤 노력을 해야 할까? 다시 한번 심각하게 숙고할 필요가 있을 것이다. 누구나 인생은 딱 한 번뿐이다. 주어진 시간도 오직 한 번뿐이다. 한 번뿐인 인생을 얼마나 멋지고 아름답게 살 것인지는 오로지 당신 자신에게 달려 있다. 그래서 책도 아무거나 읽을 것이 아니라, 잘 선택해서 읽어야 한다. 인생은 내가 읽는 대로 바뀌기 때문이다. 내가 원하는 삶을 위해 책을 읽고 실천해보자.

다음 내용은 은지성 작가의 저서 『생각대로 살지 않으면 사는 대로 생각하게 된다 1』에 나온 내용의 일부이다.

"마라톤은 42.195km를 달리는 경기다. … 인생도 마찬가지다. … 결국에는 홀로 뛰어야 하는 고독한 싸움이다. … 1등으로 달린다고 해서 우쭐하거나 교만해져서도 안 된다. … 순전히 자신만의 페이스를 즐겨라. 그 사람이 곧 승자이다."

위의 『생각대로 살지 않으면 사는 대로 생각한다』라는 제목을 나는 '생각대로 읽지 않으면 읽는 대로 생각한다'로 바꿔보고 싶다. 책을 읽을 때는 주체적인 생각을 갖고 저자와 대화하듯 읽어야 한다. 저자의 생각에 그대로 순종하면서 읽는 것이 아니라, 비판적인 시각을 갖고 비교하면서 자신의 생각대로 읽는 것이 무엇보다 중요하다.

Dream
Challenge!

Dreams
Come True!

CHAPTER 2

책에서 찾은
나의 꿈
나의 인생

01

평범한 사람일수록
독서를 해야 하는 이유

　평범한 사람일수록 독서를 해야 하는 이유는 뭘까?

　대부분의 사람은 생업에 종사하느라 바쁘게 산다. 아마 이것이 정상적
인 사람들의 삶인지도 모른다. 사람은 일을 해야 돈을 벌 수 있다. 특별
히 장애를 가진 사람을 제외하고는 스스로 일하지 않고서는 양식을 구하
기도 어렵다. 그래서 사람들은 직업을 가지게 되고, 직장을 구해서 하루
종일 일을 하는 것이다. 일이라는 것은 어쩌면 신성한 직업인지도 모른
다. 예전의 아버지, 어머니 세대 시절에는 '일을 하고 싶어도 일할 거리가
없어서 일을 할 수가 없었다'고 한다. 일을 해야 그 보상으로 돈을 벌 수

있지 않은가? 그런데 일이 없으니, 돈을 벌 수가 없는 것이었다. 돈을 못 버니 가난하게 살 수밖에 없었다. 가난의 악순환이 되풀이된 것이다.

우리는 늘 한 해를 보내고 새해가 되면 지난날을 회상하면서 미래를 설계한다. 오늘보다 더 나은 내일을 꿈꾸며 계획을 세운다. 거창하게 세우는 경우가 많다 보니, 실제로 이루어지는 일은 많지 않다. 아니 대부분의 계획은 3일을 못 넘기고 포기하거나 흐지부지되고 만다. 그래서 옛말에 '작심삼일'이란 말이 있지 않은가? 왜 그럴까? 그렇다고 자신을 너무 자책할 필요는 없다. 대부분의 사람이 연초에 세운 계획을 달성하지 못하는 것이 다반사이니까. 그래도 몇 %는 달성하는 사람들이 있다. 이들이 성공한 사람들인 것이다. 인간의 뇌는 평정심을 유지하기를 바란다고 한다. 즉 외부의 자극이나 명령에 따르는 것을 원초적으로 싫어한다는 것이다. 그만큼 에너지가 소모되기 때문이기도 하다.

독서도 예외는 아니다. 사람들은 새해 목표 중에 거의 들어가는 항목으로 '독서'를 넣는다. 연초부터 1년에 50권, 100권을 읽겠다고 계획을 세운다. 아니 평범한 사람은 1~2권이라도 읽자고 계획을 세운다. 하지만 실제로 이와 같은 목표를 달성하기는 매우 어렵다. 인생을 살면서 많은 대부분의 사람들이 일상을 바쁘게 산다. 독서에만 많은 시간을 할애할 수 없는 게 현실이다. 그래서 평범한 사람들은 한 달에 한 권 아니 1년에 한 권을 읽기도 어렵다. 평범한 사람들은 독서를 어찌 보면 '사치'라고 생각할지도 모른다. 책을 읽을 한가한 시간이 없다는 이유에서다. 하루 벌어 하루를 살아가는 인생이다 보니 삶 자체가 일에 찌들어 마음의 여유가 없는 것이다. 우리나라의 평균 독서량 조사에 의하면, 전 국민의 2% 정도만이 책을 읽는다고 한다. 즉 100명 중에 단 두 명 정도만 책을 읽는다는 것이다. 그러면 98% 국민은 거의 책을 안 읽는다는 얘기다. 이것만 보더라도 대부분의 평범한 사람은 책을 읽지 않고 사는 대로 그럭저럭 삶을 사는 것이다. 인간들 사이에 일어나는 모든 문제를 안고 고통 받으며 살고 있는 것이다. 이러한 문제의 해결책을 책에서 찾을 수 있다. 그러니 평범한 사람일수록 독서를 해야 하지 않을까?

평범한 사람을 지칭하는 『5無人生의 평범한 성공』에서 안성우 저자는 다음과 같이 말하고 있다.

"5無人生(5무인생)이란 성공하기 위해서는 있어야 한다고 믿는 것들—돈, 인맥, 학벌, 용기, 재능이 한 가지도 없는 사람을 말한다. 그러나 소위 이러한 성공 요소는 말 그대로 요소일 뿐이지 핵심이 아니다. 따라서 그것들이 없어도 충분히 성공할 수 있고 당당하게 살아야 할 이유가 있다. 가진 것 없어도 성공할 수 있다는 말은 결코 반어도 아니며 역설도 아니다. 오히려 가진 것이 없기 때문에 성공해야 한다는 것이 이 책에서 말하고자 하는 주제의식이다. 날 때부터 돈과 인복을 가지고 태어난 재벌 2세와, 타고난 신체적 약점을 극복하고 세계적인 스타가 된 운동선수를 비교해볼 때, 우리는 어느 쪽을 진정한 성공인이라 부르겠는가? 가진 것 없이 가진 것 많은 사람이 되었을 때 비로소 성공의 가치가 빛나는 것이다. 목표를 지나치게 높게 잡지만 않는다면 충분히 행복감을 느끼며 살아갈 수 있는 '평범한 성공'을 누구든지 이룰 수 있다."

나는 '5무인생'이 평범한 사람들을 지칭한 개념이라면 그러한 평범한 사람들이 성공하기 위해서 독서가 반드시 필요하다고 생각한다. 평범한 사람은 독서를 통해 성공한 사람이 될 수 있기 때문이다. 독서는 누구나가 인생 역전의 성공을 위한 발판을 마련하는 계기가 될 수 있다고 확신한다.

일반적으로 평범한 사람이라면 어떤 사람을 말하는가? 우리 소시민들이 다 이에 해당될 것이다. 거의 대부분의 사람이 평범한 삶을 살고 있다. 우리 주위에서 매일 볼 수 있는 이웃이나 친지, 그리고 함께 더불어 사는 마을 사람들이다. 이들의 삶은 어떤가? 오늘날은 고등 교육을 받거나, 대학을 가서 학업을 마치고 사회로 나온다. 이들은 직장에 취업하는 것을 최우선으로 하고 월급을 받아서 하루하루 살아간다. 하루에 8시간은 법정근로시간으로 대부분의 직장은 이 시간을 지키도록 되어 있다.

특별히 초과 근무할 경우에는 그에 합당한 보수를 추가로 받는다. 이들의 삶이 평범한 사람들이다. 이들은 어제의 생활과 오늘의 생활, 그리고 내일의 생활이 크게 다르지 않다. 매일 비슷한 시간에 일어나 하루 종일 일하고 정해진 시간에 자는 삶을 살아가고 있다.

그러면 이러한 평범한 사람일수록 독서를 해야 하는 이유는 무엇일까?

우리가 세상을 살다 보면, 예상하지 못한 일들이 발생한다. 인간관계에서 오는 갈등과 대립이라든지, 또는 스스로 해결할 수 없는 여러 가지 어려움이나 난관들에 봉착하는 경우가 종종 있다.

예를 들자면 첫째로, 가장 가까운 가족 관계에서 오는 불화나 갈등이 있을 것이다. 가족은 가장 가까운 사람이면서도 가장 가까이에서 서로에게 상처를 주는 경우도 더러 있다. 가장 많이 부딪히고 가장 많이 힘든 경우도 있다. 가족끼리 서로 사랑으로 보듬어주는 울타리이면서도 서로에게 상처를 많이 주는 존재이기도 하다.

둘째로, 일 문제에 관해서 본다면, 직장 생활에서의 갈등을 들 수 있다. 직장이야말로 서로 다른 인격체가 만나 하나의 공동체를 이루고 함께 일을 하는 곳이다. 이곳은 상하 관계가 존재하고, 위계질서가 뚜렷하다. 그러다 보니 자신의 마음이나 생각과 달리 해야 하는 경우도 많이 생긴다. 이러한 관계 즉, 인간관계에서 오는 갈등 또한 무시할 수 없다.

셋째는 재정적인 문제를 들 수 있다. 사람이 기본적인 생계를 유지하기 위해서는 반드시 일을 해서 돈을 벌어야 한다. 돈의 적고 많음의 차이는 있지만 대부분의 평범한 사람들은 자신의 소득에 맞추어 생활하게 된다.

넷째는 질병에 관한 문제를 들 수 있다. 어쩌면 인간이 이 세상을 살면서 질병으로부터 자유로울 수 없을 것이다. 인간이란 존재는 비록 만물의 영장이라고는 하지만, 개인으로 보면 동물 중에서 가장 약한 존재일 수도 있다. 왜냐하면 여러분도 알다시피, 인간은 호랑이처럼 날카로운 이빨을 가지고 있지도 않다. 그렇다고 말처럼 빨리 달리지도 못한다. 하지만 우리 인간이 만물을 지배하고 만물의 영장으로 살아갈 수 있는 이유는 '생각을 하는 능력'이 가장 뛰어나기 때문이다. 우리 인간은 생각을 통해 칼도 만들고, 동물들이 할 수 없는 일들을 우리 인간들은 이루고 있는 것이다.

이처럼 우리 인간사회에서 발생하는 각종 어려운 문제를 해결하려면 어떻게 해야 할까?

우리는 나보다 더 많이 알고 똑똑한 사람을 찾아서 해결 방법을 의논

할 것이다. 많은 사람에게 의견을 묻고, 생각하다 보면 답을 얻을 수 있다. 그러면 가장 좋은 해결 방법은 무엇인가? 답은 많은 사람들을 만나보고 고견을 듣는 것이다. 그런데 실제로는 우리가 도움을 얻을 수 있는 사람은 그렇게 많지 않다. 만나기도 쉽지 않다. 이럴 때 가장 좋은 방법이 책을 읽는 것이다. 책은 이러한 문제를 해결할 수 있는 방법과 지식들이 집합된 곳이다. 이러한 문제에 대한 해결책을 찾을 수 있는 책, 여러 권을 본다면 그곳에서 지혜와 깨달음을 얻을 수 있다.

그리하면 평범한 사람들의 문제들은 대부분 해결 안 되는 경우는 없을 것이다. 왜냐하면 한 사람의 인생의 문제는 대동소이한 경우가 많다. 그러한 문제들은 이미 과거에도 있어 왔고 현재에도 있으며, 미래에도 나타날 수 있다. 이미 경험을 한 것들의 정보나 지식을 책에서 찾을 수 있는 것이다. 인간사 대부분의 문제는 반복되는 경우가 많다. 특별히 새로운 문제는 거의 없다. 이미 일어났던 문제들로 이런 것들의 해결책은 책에서 찾으면 되고, 그래서 평범한 사람일수록 독서를 해야 하는 이유가 되는 것이다.

나 또한 특별히 내세울 것 하나 없는 평범한 사람이다. 이런 내가 독서를 통해 나의 꿈과 인생을 다시 설계하고 있다. 성공한 특별한 1%의 사람들은 예외 없이 독서를 했다. 그리고 그들은 말하고 있다. 지금의 성공의 원동력이 독서였다고 말이다. 우리는 평범하지만 마음으로는 특별한 사람이 되고 싶은 욕망이 있다. 성공하고 싶으면 그들을 따라 해보는 것이다. 전부는 따라 할 수 없어도, 독서만은 쉽게 할 수 있지 않은가? 생활에 바쁜 평범한 사람일지라도 매일 조금씩이라도 독서하는 습관을 들인다면, 정말 어려운 문제가 닥쳤을 때에도 독서를 통해 난관을 헤쳐 나갈 지혜를 얻을 것이다. 나 또한 어렵고 힘든 일이 있을 때마다 독서를 통해 삶의 지혜를 얻고 헤쳐 나갈 수 있었다. 나는 인생에서 두 번 죽음의 문턱에서 절망하고 낙담하였지만, 끝내 희망과 용기를 얻었던 것도 책을 읽음으로써 가능했다.

이 글을 읽는 여러분도 대부분 평범한 사람이라고 생각할 것이다. 그렇다면 오늘부터 당장 책을 보배처럼 생각하고 매일 읽는 습관을 들이는 것은 어떤가?

02

내가 독서에서 느낀 걸
당신도 알게 된다면?

'여러분은 독서를 통해 무엇을 얻고 싶으신가요?'라는 질문을 받는다면, 대부분의 대답은 이럴 것이다.

'즐거움을 얻기 위해, 정보나 지식을 얻기 위해, 두뇌를 개발해 사고력을 증진시키기 위해.'

또한 독서는 내가 할 수 없는 것들을 간접적으로 체험할 수 있다는 것이다. 이러한 것 중에서 가장 중요하다고 생각되는 것이 바로 간접 경험이라고 생각한다. 사람은 시간이 한정되어 있고, 사는 장소도 정해져 있다. 수많은 사람을 다 만날 수도 없고, 그럴 필요도 없다. 인생을 살면서 얻는 지혜는 대부분 그 사람의 직접 경험을 통해서 많이 얻는다. 하지만 그 외의 지혜를 얻는 데에 가장 좋은 방법은 여러분도 알다시피 책이다.

책에는 저자만의 철학과 상식이 들어 있다. 또한 책의 내용에는 수많은 정보와 지식이 내포되어 있다. 독자들은 책을 읽음으로써 저자의 삶을 간접적으로 경험할 수 있는 것이다. 책을 통해 가보지 않은 지역의 정보나 지식도 쉽게 얻을 수 있다. 또한 해보지 않은 일도 책을 통해 알게 되고, 깨달음을 얻기도 한다. 이것이 독서를 통해 얻을 수 있는 가장 큰 매력이 아닐까 한다.

실례를 들어본다면, 살면서 어떤 어려운 문제가 닥쳤다고 생각해보자. 그러면 당신은 어떻게 할까? 우선 지인이나 친구에게 자문을 구할 것이다. 아니 사돈의 팔촌까지도 연락을 하고 해결 방법을 찾을 것이다. 그래서 해결이 안 되면 전문가를 찾아갈 경우도 생긴다. 그런데 사실 인간사 대부분의 문제는 사람과의 관계에서 벌어지는 일이 많다. 그렇기 때문에 사람을 통해 해결하면 그것이 가장 확실하고 깔끔할 것이다. 그래서 친구를 사귈 때는 물론 가려서 사귀어야 하지만, 경우에 따라서는 거칠고 과격한 사람을 친구로 두는 것도 필요하다고 한다. 왜일까? 여러분도 알다시피 사람은 다 각자 개성이 있고, 성격이 다 다르다. 그러다 보니 착한 친구도 있고 소위 말하는 건달, 깡패, 양아치라고 하는 사람들도 있다. 이들도 우리 사회에 존재하는 구성원임에 틀림이 없고, 함께 어우러져 살아가야 할 이웃이기도 하다.

그러니 이들을 무조건 배척하거나 할 것이 아니라 간접적으로나마 알아두면 험한 일을 당했을 때 도움을 받을 수도 있다. 나 또한 삶을 살면서 험한 꼴을 당한 경우는 많이 없지만, 최근에 시골의 땅을 매립한 경우가 있었다. 매립업자는 같은 사람이지만 서로 말이 안 통하고 일방적이며 막무가내인 사람이었다. 물론 동네에 아는 동생의 소개로 만난 사람이고, 논이 질어 농사짓기 어려워 매립을 허락한 것이었다. 우리가 요구하는 흙과 높이 제한, 논의 형태를 각서를 받고 진행했는데도 불구하고 제대로 시행이 되지 않았다.

결국 소음 공해와 먼지, 공사 현장의 토사 유출 문제 등 여러 문제가 민원으로 제기되어 시청으로부터 원상 복구 명령이 떨어졌다. 그런데도 업자는 자기 잇속만 챙기기 위해 흙을 무한대로 받아놓고 나 몰라라 하고 있었다. 처리가 곤란할 지경으로 골머리를 앓고 있었다. 내 평생에 이런 마음 고생과 스트레스는 최고조로 죽기 일보 직전이었다. 토지 주인인 우리만 발을 동동 구를 뿐이었다. 업자는 이 업계에서도 거칠고 막무가내로 둘째가라면 서러운 사람이었다. 고발 조치를 한다고 해도 태평이고, 안하무인에 자기 멋대로 말하고, 행동하고, 지껄이는 소위 상대하기 어려운 사람이었다. 그를 컨트롤할 사람이 없어 마음만 졸이고 있던 차에 평소에 연락 없이 지내는 동창을 떠올렸다. 그랬더니 업자와도 잘 아는 사이였다. 초등학교 동창이고 친구지만, 초등학교와 고등학교 시절, 한때 싸움을 자주 했던 그런 친구였다. 하지만 내가 거칠고 무데뽀인 업자를 만나 험한 꼴을 당하고 있으니 어쩌랴? 이 친구한테 연락을 했다. 나의 상황을 설명하니, 자기가 업자를 잘 알고 형, 동생 하는 사이란다. 그러니 현장을 보고 해결 방법을 찾아보자고 했다. 이 얼마나 듣고 싶은 이야기던가. 비록 내일 어떻게 될 지는 예측할 수는 없으나 옛 친구가 나서준다니 말만이라도 얼마나 고마운가? 그래서 좋은 친구든 나쁜 친구든 친구는 많아야 좋다는 것을 다시금 깨닫게 하는 계기가 되었다.

지금 나는 일생일대의 어려움에 직면해 있다. 시골 마을의 동생뻘 되는 후배의 소개로 논에다가 흙을 부어 매립하자고 했다. 그것이 5월 초였다. 모내기철이 얼마 남지 않은 시점에 흙을 성토하자고 열 번 정도 찾아왔다. 이른 봄부터 동네의 형님들 대부분의 땅에 흙을 붓고 있었다. 그렇지만 모내기철이 얼마 남지 않아 허락을 하지 않았다. 그런데 계속해서 찾아왔고, 공짜로 흙을 부어주겠다고 하면서 이런 좋은 기회는 없다고 말했다. 그러나 이미 모를 내기 위해 논은 갈아놓은 상태이고, 모도 모판에 모종을 기르고 있었다. 그래서 처음에는 허락하지 않았다. 하지만 중간 소개자인 후배는 허락하기 전에 논에다 흙을 붓는 것을 업자에게 지시하고 일을 진행했다. 그래서 어쩔 수 없이 각서를 받고 모판 비용를 정산하고 마지못해 흙을 받게 되었다.

그러나 매립업자는 주인 말은 아랑곳하지 않고, 흙을 터무니없이 많이 받아서 쌓아놓았다. 공사 현장에서도 주민들을 무시하던 업자는 급기야 인근 주민들의 원성을 낳았고, 민원이 제기되어 시청에서 조사가 나왔다. 개발행위허가 없이 1m 이상의 흙을 성토하고 방치한 상태였다. 이 일을 하는 업자들의 행태가 다 이렇단다. 나는 처음 겪는 일로 너무나 황당하고 어이없어 주민들과 업자 그리고 나와 함께 협의하여 잘 처리가 되게끔 시도했다. 하지만 업자는 중간 소개자인 동생에게 떠넘기고 '나 몰라라' 하고 있다. 그야말로 업자에게 당한 꼴이다. 이대로 가면 시청에서 원상 복구 계속 때리고, 그래도 안 되면 형사고발 조치한단다. 피해는 고스란히 주인 몫인 것이다. 이 얼마나 불합리한 처사인가? 불법 매립은 업자가 한 것인데 주인에게 공동 책임을 물리고 형사책임은 주인에게만 내린다니 이게 말이 되는 소리인가? 그러니 이런 안타까운 일들이 계속 생기고 불법 매립업자는 요리조리 법망을 빠져나가 활개치고 있는 것 아닌가? 다시 한번 중지를 모아야 하지 않을까? 그리고 선량한 주민들만 피해를 보고, 불법 매립업자가 활개를 치는 세상은 반드시 근절되어야 한다. 선량한 농촌 사람들을 울리는 이런 악덕 매립업자는 반드시 법의 심판을 받아 뿌리 뽑아야 한다.

우리의 인간사의 문제들 중에서도 해결이 안 되는 문제들도 있다. 예를 들자면, 죽음이라든가, 자살이라든가, 사랑, 존재, 질병, 그리고 영적인 문제들은 일반 사람이 해결하기가 쉽지 않다. 이럴 때 이와 관련한 책을 본다면, 일반적인 여러 사람들과는 달리 그 문제에 대한 전문적인 지식을 얻을 수 있다. 왜냐하면 책에는 적어도 저자의 주제에 대한 깊은 식견과 사고가 녹아 있기 때문이다. 더군다나 저자의 생각뿐만 아니라 책에 소개되는 '책 속의 책'에 나오는 위인들이 이것에 대한 답을 제시해주는 경우가 많다. 책 한 권이 한 사람 저자만의 생각이 아니라, 여러 사람의 훌륭한 의견이 포함돼 있다고 볼 수 있다. 그러니 책 한 권의 위력이 만만치 않은 거 아닌가? 그러니 여러분도 책에 대한 시각을 달리해볼 필요가 있지 않을까?

나는 책을 좋아해서 어려서부터 책이 많은 편이었다. 책 중에는 공부와 관련된 수험서가 많은 편이지만, 이러한 수험서들은 시간이 지나면 정말로 쓸모가 거의 없어진다. 그런데 가족과 생활하다 보니 책이 차지하는 공간이 많았다. 그러다 보니 가족들을 위한 공간 마련을 위해 책을 처분해야 할 경우가 생긴다. 이때에 제일 먼저 버리는 것이 수험서이다. 그리고 오래된 소설류나 시집, 시간이 오래된 위인전이니 하는 것들을 버리게 된다. 그래서 버린 책이 한 트럭분은 되지 않나 생각한다.

그런데 지금 와서 생각해보니 참으로 안타깝다는 생각이 든다. 물론 수험서는 그 시대에만 필요한 것이니까 가지고 있는 것 자체가 짐이 될 수 있다. 하지만 그 외의 것들, 예를 들면 오래되었지만, 자기계발서나 인간사와 관련된 책은 오래되었더라도 다시 읽어보고 그 진가를 발견하는 경우도 종종 있다. 그러니 책은 되도록 버리지 말고 간직하길 바란다. 그때 몰랐던 지식이나 깨달음을 다시 읽음으로써 새롭게 발견할 수 있으니 말이다.

책을 친구라고 생각해보자. 한 친구 한 친구를 어떻게 대하고 사귀느냐에 따라 나의 인생도 달라질 수 있으니 말이다. 친구도 가까이해야 할 친구가 있는 반면, 멀리해야 할 친구도 있다. 그래도 친구를 멀리만 두지 말고 주변에 두고 있다면 언젠가는 '고서에서 깨달음을 얻는 것'처럼 도움이 되는 경우가 생길 수도 있지 않을까? 더군다나 이제는 책을 읽기만 해서는 안 된다. 책을 쓰기 위한 목적으로 책을 읽어야 한다. 누구나 저마다의 인생을 살아간다. 그렇기 때문에 누구든 책을 쓸 수 있는 소재는 가지고 있는 것이다. 누구나가 책을 쓰겠다는 마음만 먹으면 자신의 인생 스토리를 주제로 책 한 권을 쓸 수 있기 때문이다. 이럴 때 필요한 것이 그동안 읽었던 책이라든가, 자신이 가지고 있던 책들을 참고해보면 책을 쓰는 데 많은 도움을 받을 수 있다. 공간 때문에 어쩔 수 없이 버린 책 중에는 소중한 책들도 있지 않을까 하는 아쉬움이 몰려온다. 옛 우리 선조님들이 그 어려운 살림에도 이사할 때에는 책들을 고이고이 모시고

이사했다는 기억을 되새겨본다. 그만큼 책은 우리 인생에 귀중한 보물임에 틀림없다. 책을 보물처럼 여기는 사람이 있는 반면, 책을 하찮게 여기며 라면 냄비 받침으로 사용하는 사람도 있다. 이는 책이라는 보물을 보물로 보지 못해서 일어나는 일이다. 우리가 책을 어떻게 대해야 하는지를 단적으로 보여주는 예이다.

"삶이 그대를 속일지라도 슬퍼하거나 노여워하지 말라 슬픔의 날 참고 견디면 기쁨의 날이 오리니"라는 푸쉬킨의 시구처럼 깊이 생각해야 할 내용인 것이다.

평범하게 살아도
인생의 터닝포인트를 찾아라

인생의 터닝포인트란 무엇일까?

우선 터닝포인트(turning point)란 사전적 의미로 보면, 어떤 상황이 다른 방향이나 상태로 바뀌게 되는 계기, 또는 그 지점을 말한다. 우리말로는 '터닝포인트' 대신 '전환점'이라고 한다. 어쨌든 우리는 인생을 살다 보면, 어느 순간에 깨달음을 얻거나 새로운 생각을 하게 되면서 방향을 전환하는 경우가 있다.

사람은 누구에게나 터닝포인트가 있다. 그런데 일반적으로 평범한 사람 대부분은 이러한 터닝포인트 없이 인생을 살다가 생을 마감한다. 또 어떤 사람들은 터닝포인트를 찾고자 하는 마음은 있으나, 어떻게 찾는지 모르는 경우도 있을 것이다. 생을 살다 보면 터닝포인트라는 것이 꼭 한 번만 있는 것은 아니다. 터닝포인트가 여러 번 있는 경우도 있다.

나의 경우를 생각해보겠다. 인생을 살다 보면 방향이 바뀌는 경우가 있다. 그렇다고 그때마다 모두가 터닝포인트인 것은 아닐 것이다. '인생의 대전환점'을 말한다고 볼 수 있다. '가장 중요한 사건을 일컫는다.'라는 뜻일 게다. 나도 여러 번 인생의 방향이 바뀌었다. 그 중에서 중요한 사건을 나열해본다.

첫 번째가 고등학교 때 상경 계열로 입학을 해서 1학년 때 적성이 안 맞는다고 스스로 재수, 삼수… 오수 끝에 결국 법대에 간 것이다. 법대에 들어 갈 때부터 고시에 뜻을 두었기 때문에 1학년부터 공부하기 위해 애를 썼다.

책으로는 고시 패스한 선배들의 합격 수기를 읽으며 감동을 많이 받았다. 단기에 합격하신 분도 있었다. 최장수로 합격하신 선배님들의 수기는 나에게 신선한 충격으로 다가왔다. 특히 선배 중에는 3년 선배로 이미 대학교 다닐 때 외무고시와 행정고시를 패스한 선배도 있었다. 이런 선배를 보면서 내 꿈을 이루기 위해 대학 생활의 낭만은 뒤로한 지 오래되었다. 대학교 생활 4년을 사법고사 합격을 위해 강의실과 도서관에서 미래를 위해 불철주야 청춘을 불태우고 싶었다. 20대 꽃다운 청춘 시절 고시패스를 위해 2년간 젊은 날을 불태웠다. 하지만 나에게 첫 번째 시련이 닥쳤다. 대학교 2학년 말쯤 학교에서 배탈이 나서 병원에 갔다. 진찰 후 확인해보니, 간염이 발견된 것이었다. 나는 크게 낙담했으며 극단적인 생각까지 하였다. 하지만 시도할 수는 없었다. 홀어머니가 계셨기 때문이었다. 결국 고시를 포기하고 취업으로 방향을 선회했다.

두 번째로는 회사생활 10년 만에 권고사직 당한 것이다. 나는 이것이 나의 운명이지 않았을까 하는 생각도 든다. 권고사직은 그야말로 '권고' 하는 것이고, 내가 싫으면 계속 다녀도 무방하였다. 물론 견디기 쉽지는 않았을 테지만 말이다. 예전에는 직장에 다니면, 대개가 정년까지 다니는 것이 다반사였다. 그러던 것이 IMF를 겪으면서 많은 것이 바뀌었다. IMF는 우리 사회에 엄청난 영향을 끼쳤다. 최근 IMF 외환위기 후 20년 대국민 인식 조사 결과에 따르면, 양극화가 심화되었던 것, 실업 문제 심화, 비정규직 확대, 영세 자영업자 확대, 경제 성장 둔화를 한국 경제에 부정적 영향으로 들고 있다. 이러한 IMF는 개인인 나에게도 많은 영향을 주었다. 그 당시 나의 생각과 판단은 직장 생활 10년이면 더는 직장에 안 다녀도 충분하다고 생각했다. 직장 생활을 하면서 1989년부터 1998년까지의 사회를 충분히 경험해보았기에, 나는 내가 하고 싶은 일을 하고 싶었다. 그리고 이것을 계기로 20대 젊은 날 이루지 못한 고시에 대한 미련을 서서히 꺼내고 있었다. 그것은 한쪽 가슴에 맺힌 응어리처럼 늘 내 마음을 옥죄고 있었다. 그리고 그 마음이 고시 패스의 꿈을 다시 소환한 것이었다. 이런 생각이 가능했던 것은 아내가 경제적인 부분을 맡아주었기 때문이다. 이 자리를 빌려 감사한 마음을 전하고 싶다. 하지만 그것도 잠시, 2년간의 신림동 고시원 생활을 마치기도 전에 '목'의 건강 문제로 다시 포기할 수밖에 없었다. 비록 실패로 돌아갔지만 결코 후회는 없다. 왜냐하면 그 당시에 공부할 때에는 모든 것이 실현될 수 있다는 희망과 열정으로 행복했기 때문이다.

세 번째로는 인생의 환갑을 1년 앞두고 인생 제2막의 새로운 출발을 위해 독서를 통해서 찾은 나의 꿈, 나의 인생이다. 이 세 번째가 바로 나의 '터닝포인트'라고 자신 있게 말할 수 있다. 이때에는 벌써 코로나19가 발병한 지 1년이 넘어가는 시점이었다. 코로나19 초기에는 나는 꿈이라기보다는 현실과 타협하는 쪽으로 계획을 아주 작게 잡았다. 한 달에 월 200만 원이라도 벌면서, 의미 있는 일을 하고 싶어서 사회복지사 2급 자격증을 취득하였다. 그리고 그해 바로 두 달을 남기고 사회복지사 1급 시험에 도전한 것이다. 시험장에서 뜻하지 않게 불미스러운 일이 발생해 어이없게도 시험 결과는 예상 외로 무효 처리가 되었다.

1급 국가시험 당락과 무관하게 나는 사회복지사로서 사회복지사업의 꿈을 실현하기 위한 취업 경험을 쌓고 싶었다. 그래서 100여 군데 취업 기관에 이메일을 보냈지만 연락이 오지 않았다. 혹여 취업 기관에 문의 하면 "나이 많은 남자분은 안 뽑아요!" 하는 것이었다. 더군다나 나이가 많은 사람에게는 지원 자격조차 안 주는 경우도 있었다. 대부분의 기관 에서 젊은 여자 사회복지사를 희망했다. 그럼에도 불구하고 나는 지원을 멈추지 않았다. 다행히 국가기관인 구청 등에서 사회복지사를 뽑는데 나이가 딱 60세까지였다. 나는 '지원 자격이 된다.'라는 사실에 만족해야 했다. 하지만 막상 지원해서 면접시험을 보고 나서 스스로 평가하니, 나에게는 결점이 많았다. 제일 중요한 사실은 쉰 목소리가 나오다 보니 면접 점수에 마이너스 요인으로 작용한다는 것이었다. 결국 5~6군데 면접시험에서 최종 불합격되었다. 이제는 더 이상 어찌할 바를 몰랐다. 막다른 골목에 들어섰다. 어디로 가야 할지 방향을 못 잡고 허둥대었다. 그러한 상황에서 한 줄기 빛을 보았다. 그리고 그곳을 향해 전심전력을 다해 달렸다. 그것은 바로 책이었고, 그 속에서 다시 인생의 터닝포인트를 잡은 것이다.

그때가 4월 19일, 이날은 내가 〈한책협〉 카페에 가입한 날이다. 나는 4월에 들어서면서 온라인 독서 모임에 참여했다. 코로나19 덕분에 집에 머무는 시간이 많아지면서 독서는 온라인 줌 시장으로 빠르게 전개되고 있었다. 전에는 볼 수 없었던 온라인 온택트 시장이 활짝 열린 것이었다.

카카오 오픈채팅방은 코로나19 초기부터 독서 모임을 시작한 발 빠른 사람들이 독서 모임을 만들고 수익을 내고 있었다.

이때에 〈한책협〉에서 하는 '1일 특강' 메시지를 보고 신청하게 되었다. 그리고 4월 25일 '1일 특강'을 통해서 김도사님을 만나게 되었다. 특강 시간에 상담을 하면서 '책 쓰기 과정'에 등록하는 기적 같은 행운을 얻은 것이었다. 나에게 이런 행운이 오다니 믿기지 않았다. 나이도 나이려니와 지금까지는 책 쓰기에 엄두도 못 내고, 솔직히 자신감이 없었다. 세상을 등지기 전에 회고록 같은 나의 삶을 남기고 싶은 꿈이 있을 뿐이었다. 그렇게 내 마음 깊은 곳에 잠재해 있던 책 쓰기에 대한 작은 불씨를 활활 타오르게 한 분이 바로 김도사님이시다. "성공해서 책을 쓰는 것이 아니라, 책을 써야 성공한다.", "지금의 독자 위치에서 저자로 위치를 바꿔라."라는 김도사님의 말씀이 나를 책 쓰기 과정으로 인도했다. 나는 운명과도 같은 스승을 만난 것이고, 하늘이 내게 주신 행운이요, 축복이 아닐 수 없다는 생각이 들었다. 그 후로 '책 쓰기 과정'이 시작되었다.

그리고 이때부터 기적이 일어났다. 김도사님이 지으신 책 중에서 『새벽 5시 필사 100일의 기적』을 보면서 새벽 5시에 기상했다. 그리고 스트레칭과 걷기 운동을 하고 필사를 하며, 아침 독서를 하고 있다. 내가 육십 평생을 철저한 저녁형 인간으로 살아왔는데 이것을 계기로 아침형 인간으로 바뀐 것이다. 그리고 '책 쓰기 과정'을 다 배우면서, 원고를 쓰기 시작했다. 마지막 강의가 끝나면서 내가 쓴 지금 제목의 원고 한 장 정도를 김도사님이 검토해주셨다. 그리고 다음 날 출판사에 원고를 투고하고 다음 날 기적적으로 출판사에서 연락이 오고, 바로 출판 계약을 했다. 나에게 기적이 일어난 것이었다. 이렇게 빨리 출판사와 계약되리라고는 생각하지 못했기 때문이다. 이것이 나의 인생 최대의 터닝포인트가 된 것이었다.

인생에는 세 번의 기회가 찾아온다고 한다. 나는 이러한 책 쓰기를 통해 인생 최대의 터닝포인트를 잡을 수 있었다. 이것이 내 인생에서 세 번째 마지막 기회라고 생각했다. 이민규 교수님이 쓰신 책 『실행이 답이다』라는 책을 읽고 나는 책 쓰기 실행을 한 것이다. 나는 기회를 놓치지 않았으며, 과감히 실행함으로써 책 쓰기에 성공했고 책을 출간할 수가 있었다.

당신도 인생의 터닝포인트가 언제인지 찾아보기 바란다. 그 기회가 왔을 때 반드시 잡으면 당신의 터닝포인트가 될 것을 확신한다.

04

책은 목 타는 갈증을 해결하는 오아시스였다

우리가 처음으로 책을 가까이하는 계기가 무엇일까?

아마도 마음에서 무언가를 간절히 원할 때 책을 사보거나, 찾아볼 것이다. 부족함 속에서 갈증이 생기는 것이고 갈증은 우물을 파든 무엇인가를 하게 만든다. 이렇게 우리는 부족한 지식이나 정보를 구할 때 책을 본다. 위인전은 위대한 위인이 일생 동안 살아온 인생 전반을 기술한 것이다.

나는 어릴 적 이순신 장군이나 세종대왕 등의 위인전을 읽으면서 많은 감명을 받았다. 나도 그분들처럼 훌륭한 사람이 되겠다고 다짐했다. 위인전은 인간이 평생을 살면서 어떻게 살아야 할 것인가에 대한 방향을 제시해준다.

나는 20대에 들어와서는 꿈을 어떻게 실현할 것인가에 대한 책에 관심을 가졌다. 이제는 꿈만 꾸는 시간은 지나간 것이다. 직접 실현할 수 있는 시기인 것이다. 나는 법관이 되어서 어렵고 불쌍한 사람들을 돕고 싶었다. 힘없고 무지하여 강자에게 무시당하는 소시민 편에서 권리를 찾아주고 싶어서 법관 내지는 변호사가 되고 싶었다. 그래서 나는 처음 입학한 대학에서 경상 계열이 적성에 안 맞는다고 생각하여 법과대학으로 다시 진학하여 법학을 전공했다. 그러다 보니 온통 나의 머리에는 고시 합격에 대한 생각뿐이었다. 그러니 책도 고시와 관련된 고시생들의 합격 수기를 탐독하면서 의욕을 불살랐다.

합격 수기에는 합격한 고시 수험생 한 사람 한 사람의 역사가 기록되어 있었다. 짧게는 2~3년, 길게는 10년 이상 공부해서 합격한 고시 수험생도 있었다. 이 합격 수기를 읽으면서 젊은 시절 청춘을 고시에 바친 그들의 감동적인 인생 드라마를 볼 수 있었다. 나 또한 대학 시절 고시 공부를 하면서 지치고 힘들 때마다 합격 수기를 보곤 했다. 그러면 정말로 내 가슴속 깊은 곳에서부터 올라오는 열정을 느낄 수 있었고 동기 부여를 받을 수 있었다. 비록 고시 패스의 성공을 쟁취하지는 못했다. 하지만 내 인생의 한편을 장식하고 있는 고시 공부한 열정과 그 시간들은 나의 자존감을 높이는 데 기여했다. 결코 후회 없는 내 인생의 작은 조각으로 남아 있는 것이다.

30대에 들어와서는 직장도 잡고, 결혼도 하였다. 이때부터는 성공과 관련한 자기계발 책에 관심을 가졌다. 내가 30대 읽었던 책 중에서 일기장에 기록되어 있는 내용을 꺼내본다.

〈1997. 11. 15 나의 일기장〉
『30대에 하지 않으면 안 될 50가지』(나카타니 아키히로 저/이선희 역)
내 마음에 닿았던 문장을 소개해보려 한다.

1. 고민과 갈등은 필연적이지만, 그것을 짧게 끝내는 것이 30대 당신의 힘이자 의무이다. 30대 어느 날 오랫동안 고민해오던 일을 당장에 결론으로 치닫게 하는 것, 성공하는 사람과 실패하는 사람의 차이는 이것뿐이다.
2. 100명의 친구를 만들자. 사람이 재산이라는 각오로 인맥을 만들자. 인생이란 인간관계에서 시작해서 인간관계로 끝나는 것이다.
3. '그만두겠다.'라고 선언하라. 다시 시작하겠다는 패기와 열기가 당신

을 값지게 한다.

4. 어렸을 때 살았던 집에 가보자. 그 순수 속에서 당신의 어린 날의 당신이 그렇게도 간절히 꿈꾸었던 무엇인가를 만날 수 있을 것이다. 그리고 거기에 해답이 숨 쉬고 있음을 발견하게 될 것이다.

5. 행복하기 때문에 휘파람을 부는 것이 아니라, 휘파람을 불기 때문에 행복한 것이다.

6. 언제든 출발선상으로 다시 돌아가자. 30대는 다시 시작해도 늦지 않은 때이다.

7. 좌절에서 희망을 찾는 사람이 되자. 30대는 이런 인생의 진리를 몸소 실천할 시기이다.

8. 삶의 모범답안을 거부하자. 세상은 순종적인 모범생이 아니라, 반항적인 개척자를 원한다.

9. 10년 전의 나를 만나고, 10년 후의 나를 만나자. 과거 없는 현재는 없고, 과거 없는 미래는 더욱 없다.

10. 당신 나름의 '하지 않으면 안 될 50가지'를 정하라. 그러면 당신이 꿈꾸는 모든 것은 이룰 수 있고 또 그렇게 되어야만 한다. 우리는 모두 성공하기 위해 태어났으니까.

나는 이 일기장을 보면서 그 당시 30대에 이 글을 읽고 몇 가지라도 실천했더라면 지금과는 다른 삶을 살지 않았을까 하는 회한이 들었다. 그 당시에 깨달음을 실천하지 못한 것이 못내 아쉽다. 결국에는 깨달음도 그냥 깨달음으로 끝나서는 의미가 없다는 사실을 알게 되었다. 깨달음을 실천해서 성과를 내야 내 삶에 변화를 줄 수 있기 때문이다.

40대는 흔히 '불혹'이라고 한다. 불혹이란 무슨 뜻인가? 다 아시다시피 이는 『논어』에 나오는 말인데 다시 한번 복습해보자.

"나는 열다섯 살에 지우학(志于學)하고, 삼십에 이립(而立)하고, 사십에 불혹(不惑)하고, 오십에 지천명(知天命)하고, 육십에 이순(耳順)하고, 칠십에 종심소욕불유구(從心所欲不踰矩)했다."

여기서 '지우학'은 학문에 뜻을 두었다는 말이고, 이립은 '몸을 세웠다.'라는 말로 모든 기초를 세우는 나이로 해석한다. '지천명'은 '하늘의 명을 알았다'는 말이고, '이순'은 귀가 순해져 '남의 말을 들어도 마음이 쉽게 흔들리지 않는다.'라는 말이다. '종심소욕불유구'는 '마음이 하고자 하는 바를 쫓아도 법규를 넘지 않는다.'라는 뜻으로 최고 경지에 이른 것이다. 여기에서 불혹은 '어떤 일에 홀리지 않는다.'라는 말이다.

내 나이 40대에는 무엇을 했을까? 42세에 사법고시를 포기하고 부동산 공인중개사로서 중개사사무소를 운영하였다. 물론 처음에는 신도림동 아파트 단지에 실장으로 6개월을 근무하면서 실질적인 부동산 업무를 배우기 시작했다. 그리고 6개월 후 인천 구월동에서 친지 아저씨뻘 되시는 분하고 동업을 하였다. 이때에 부동산에 관한 책을 많이 보았다. 부동산 관련 책은 40대 공인중개사를 하면서 전문가로서 발돋움하기 위한 바탕이 되었다. 내가 있던 지역은 시장을 끼고 있는 상권으로 빌라, 주택뿐만 아니라 상가도 있는 곳이었다. 그래서 상가에 대한 깊이 있는 공부를 하기 위해 상가에 관련된 책도 많이 사서 보았다. LBA법률중개사 과정도 마쳤다. 경매 강의도 듣고, 부동산에 대한 전반적인 지식을 쌓을 수 있었다.

경매의 경우는 직접 투자를 해야 하는데 경매 강의만 많이 듣고 실제로는 경매 투자로 이어지지는 않았다. 물론 '총알'이라고 하는 자금이 부족한 탓이 제일 크다고 생각된다. 일단 총알이라고 하는 자금이 많아야 자신 있게 투자 물건에 경매 신청을 할 텐데 그러지를 못했다. 40대에는 상가 관련 책이 나에게는 오아시스였다. 전문적인 업무를 위해 필요한 부분이었다.

50대는 지천명, '하늘의 명을 알았다'는 의미이니, 나는 50대의 마지막인 59세 때 지천명을 경험했다. 나는 51세에 청천병력 같은 신장암 진단을 받고 죽음의 문턱까지 갔다가 왔다. 아마도 사막의 한가운데서 아사직전이었던 것이었다. 그러다 오아시스를 만난 것이다. 그것이 바로 신장암 관련 책이었다. 이외에도 암 환우를 위한 카페와 SNS 관련 정보를 모조리 찾아보았다. 도서관에 가서 관련 책자를 여러 권 빌려서 보았다. 그리고 인터넷을 뒤져 신장암 관련 자료를 계속 보고, 어떻게 해야 할지를 고민했다. 명의란 명의는 다 찾아보았고, 직접 만나서 수술 관련 의견을 들었다. 가능한 빨리 수술을 하는 것이 좋단다. 그래서 서울대 병원에서 하는 개복수술 대신 최신 로봇수술 권위자인 이상은 교수님이 계시는 분당서울대병원에서 하기로 했다. 수술은 잘되어 지금껏 문제없이 살아가고 있다.

나이 56세에는 '목'이 또 문제였다. 계속 되어온 '목'의 이상은 부동산을 직업으로 하는 사람으로서는 더 이상 방치할 수 없는 노릇이었다. 강남 빌딩 컨설팅 회사에 있으면서 동료가 나와 비슷한 목소리를 내고 있었다. 그러나 나보다는 목소리가 훨씬 좋았다. 그래서 문의해보니 강남세브란스병원의 최홍식 원장님에게 수술 받았다고 했다. 그래서 나도 이분한테 진료를 받고, 수술하기로 결정했다.

하지만 동료와 나는 목소리에 문제가 있는 건 맞지만 종류가 다른 것이었다. 내가 훨씬 안 좋은 상태였다. 그래도 마지막 지푸라기라도 잡는다는 심정으로 수술을 결심했다. 의사는 수술이 잘되면 다행이지만, 혹시 수술이 잘 안 되면 목소리를 영영 잃을 수도 있다고 경고했다. 나는

'더 이상 잃을 게 없다.'라는 생각으로 수술을 감행했다. 그리고 계속해서 세 번을 시행했다. 경과는 나쁘지 않았다. 유두종바이러스는 제거가 되었다. 하지만 잦은 수술로 협착이라는 다른 문제가 발생했다. 그래도 목소리를 반 정도는 찾은 것 같다. 천만다행이라고 생각한다. 이때에도 목과 관련한 책을 보았다.

나이 59세에는 사실 많은 꿈을 내려놓은 채 현실과 타협하려 했다. 그저 평범하게 월 200만 원이라도 벌어서 노후를 편안히 살고 싶었다. 그래서 선택한 것이 사회복지사 2급 취득이었다. 마지막 직업으로 보람 있는 일을 하면서 살고 싶었다. 그래서 요양원이나 사회복지관 등 관련 기관에 취업을 도전했으나 허사였다. 너무 나이가 많고 남자라서 뽑아주는 곳은 없었다. 더 이상 내가 갈 곳은 아무 데도 없었다. 그야말로 사막의 한가운데에서 기진맥진 방향을 잃어버린 것이었다.

이때도 역시 잡을 것은 책뿐이었다. 마지막 희망을 본 것이었다. 그리고 독서를 통해 다시 살아날 수 있었다. 인생의 마지막 종착점에서 사막의 오아시스를 만나 기적적으로 회생했다. 지난 59년 동안 저녁형 인간에서 아침형 인간으로 바뀌었으며, 단순 책 읽기에서 철저하게 책 쓰기를 위한 책 읽기를 하게 된 것이었다. 책을 통해서 나의 꿈을 찾고 온전한 나의 인생을 살게 된 것이었다. 4월부터 시작하여 그동안 관련 분야의 책을 100여 권 읽으며 책 쓰기에 활용했다. 필요한 부분만 발췌해서 읽는 핵심 독서법을 통해 읽고 있는 것이다. 또한 책 쓰기를 할 때에는 관련 주제에 대한 책만 읽는 것이 아니라, 다른 분야의 책도 읽으면 도움이 되었다. 책을 읽는 목적이 철저히 달라졌다는 말이다. 책 쓰기를 위한 책 읽기는 인생 전반에 걸쳐 깨달은 갈증을 한 방에 해결하는 오아시스 그 자체였다. 당신에게 오아시스는 무엇인가?

05

나는 새벽 기상을 통해 변화를 보기 시작했다

사람은 근본적으로 변화를 좋아하지 않는다. 왜 그럴까?

변화는 마음에 부담을 주고, 무언가를 추구하는 노력에 의해 일어난다. 그런데 사람들은 기존의 버릇처럼 사는 것이 편하고, 힘이 안 들기 때문에 변화를 좋아하지 않는 것이다. 그러면 변화는 어떻게 이루어질까? 그것은 마음의 갈급함에서 온다고 볼 수 있다. 내가 부족함을 느낄 때 사람들은 자신을 바꾸려고 생각한다. 하지만 그 변화는 좀처럼 쉽게 이루어지지 않는다는 사실도 대부분 알고 있다. 또한 이러한 변화는 우리에게 선택을 요구한다. 사람은 살면서 많은 선택의 기로에 서게 된다.

편안함을 추구할 것인가? 불편함을 추구할 것인가? 이 모두가 본인의 선택에 달려 있는 것이다. 변화를 원한다면 타인이나 세상이 바뀌기를 기대해서는 안 된다. 스스로 변화해야만 타인도, 세상도, 변할 수 있다. 본인 스스로 바뀌지 않고는 절대로 타인이나 세상을 바꿀 수 없다. 특히나 자기 스스로 변화하는 것이 가장 어렵다고 한다. 그래서 자신은 각종 핑계를 대며 자기 합리화를 한다. 자신이 하지 못한 것에 대한 자존심이 상하기 때문에 스스로를 위로하고 위안하기 위해서이다.

나도 한때는 새벽 시간을 이용에 학원 수업을 듣곤 했다. 하지만 그때뿐이었던 기억이 난다. 그 시험과 관련해서 새벽에 일찍 일어나 학원 수업을 듣고 일상을 계속하였다. 그렇더라도 저녁형 인간인 내가 새벽에 일찍 일어나면, 오후에는 피곤해서 일찍 자야 했다. 저녁형 인간인 나로서는 어찌 보면 당연한 일인지도 모른다. 결국 학원 수업이 끝나면 바로 원래 저녁형 인간으로 다시 복귀한다. 그러니 육십 평생 변화가 없었던 것이다. 대부분의 성공자들이 새벽형 인간으로 생활한다고 알고 있고, 그렇게 말해왔다. 실제로도 성공자들은 자신들이 새벽형 인간임을 강조하고 있으며, 적극 권유하고 있다. 성공하고 싶으면 새벽형 인간이 되라고 말이다.

그래서 나도 성공하고 싶어서 새벽형 인간이 되기로 했다. 〈한책협〉의 김도사님을 만났고, 그때부터 새벽형 인간으로 변모하기 시작했다. 그리고 그 새벽 기상을 통해 변화를 보기 시작한 것이다. 이제 나의 기상시간은 새벽 5시, 알람과 동시에 울린다. 그리고 눈을 뜸과 동시에 기지개를 펴고, 간단한 스트레칭을 한 다음 일어난다. 그리고 밖으로 나가서 아침 걷기 운동을 하는 것이다. 아침 걷기 운동에는 대략 2~3km의 왕복 거리를 걷는데 40분 정도 소요된다. 상쾌한 아침에 우주의 신선한 공기를 폐로 흡입하면서 걷는다. 걷기는 전신 운동이면서, 유산소 운동이다. 남녀노소에 관계없이 누구나 할 수 있는 운동인 것이다. 하루를 살아가려면 아침을 잘 보내야 하고, 정신이 맑으려면 신체 또한 건강해야 한다. 걷기 운동에도 요령이 있다. 가슴을 펴고 양손은 앞뒤로 힘차게 흔들고, 정면에서 15도 각도의 위를 보면서 발바닥을 들어서 앞에서부터 뒤로 내딛는 것이다. 소위 말하는 '파워워킹'이다.

성공자들이 아침 독서를 권하는 이유를 살펴보자. 첫째가 집중력일 것이다. 아침 시간 1시간은 낮의 3시간과 맞먹는다고 하질 않는가? 두 번째로 아침을 지배하는 자가 인생도 지배한다는 사실이다. 아침 시간을 이용해 하루의 계획을 세우고 실천하는 것이다. 이 하루가 모여 한 달이 되고, 1년이 되며, 이것이 그 사람의 인생이 되는 것이다. 하루의 아침을 자신의 뜻과 의지대로 살지 않으면, 사는 대로 생각하게 되는 우를 범할 수 있다. 자신의 인생은 오로지 자기의 주관으로 판단하고, 계획적으로 생각하고 실천해야 성공적인 삶을 살 수 있는 것이다. 만약에 늦잠을 자거나, 늦게 일어난다면 어떻게 될까? 당신도 많은 경험을 하였을 것이다. 직장인이 늦잠을 잤다고 치자. 안 봐도 비디오 아닌가? 아침에 늦게 일어나면, 우선 허둥지둥할 것이고, 세수하고 단장하는 것도 제대로 못 한 채, 밥도 못 먹고 출근해야 할 것이다. 그리고 지하철이든 버스에서 직장에 늦을까 봐 노심초사하면서 마음을 쓸어내릴 것이다. 직장에 출근해서는 어떤가? 다른 직장 동료들은 벌써 업무를 시작하느라 바쁜데 뒤늦게 도착하면 상사의 눈치를 봐야 하고, 그렇게 자리에 앉아 일을 시작한다고 치더라도 어떤가? 아침부터 서두르고 허둥대다 보니 업무를 시작하려고 해도 손에 잡히지 않을 것이다. 마음이 진정이 안 되고 아침부터 스트레스를 받고 시작하니 업무가 제대로 될 리가 없다. 결국 늦잠 때문에 그날 하루를 망쳐버리는 결과가 초래되는 것이다. 이런 일들이 아침형 인간이 아닌 저녁형 인간들은 전날 회식이나 술자리를 갖고 늦게 까지 있다 보면 또다시 아침에 늦잠을 자고 위와 같은 실수를 반복하는 경우를 볼 수 있다. 그러니 아침형 인간으로의 변신은 나 자신에게뿐만 아니라 사회생활에 있어서도 성공을 위한 필수가 아닐 수 없다.

요즘 나는 파주의 마장호수 인근 마을 본가에 내려와 어머니와 함께 거주하고 있다. 농촌 마을이다 보니 농부들은 농사짓기 위해 새벽에 대부분 일어난다. 나는 독서를 통해 새벽 5시 기상하지만, 우리 어머님도 5

시 반경에 기상하신다. 내일모레면 구순을 바라보는 나이인데도 불구하고 아침 일찍 기상하여 텃밭의 작물을 돌보신다. 물론 나도 어머님 도와 농사일을 하고 있지만, 농부들은 아침형 인간이 안 될 수 없는 환경이다. 보통 이곳에는 새벽 6시 경에 해가 뜬다. 여름의 태양 볕은 아침이라도 뜨겁다. 그래서 농부들은 아침 일찍 일어나 논의 풀이며, 밭 작물을 거두어야 한다. 조금이라도 늦게 일어나서 작업하면 날씨가 너무 더워서 금세 지칠 뿐만 아니라 체력도 금방 고갈된다. 이곳에서 농사일 하시는 분 대부분이 저녁 9시에서 10시 사이에 취침하고, 새벽 5시에서 6시 사이에 기상한다. 철저한 아침형 인간이라고 할 수 있다.

나도 아침에 일어나 걷기 운동을 마치고 작물을 키우고 수확도 한다. 요즘은 오이가 많이 열리고, '별콩'이라고 하는 완두콩을 수확한다. 어머니는 수확하고 남는 작물을 고양동 시장에 내다 파신다. 어머니는 젊어서부터 우리 생계를 짊어지신 분이시다. 장사에 이력이 나시기도 하셨지만, 쉬실 나이에 조금도 편히 앉거나 누워 계시질 않는다. 젊어서부터 보따리 장사를 하시면서 푼푼이 모은 돈으로 땅을 조금 마련해놓으셨다. 나는 어려서 공부하기 위해 서울로 유학을 갔기 때문에 직접 농사를 돕지는 못했다.

최근에야 시골에 내려와서 직접 농사를 지어보는 정도이다. 평소에 농사일을 자주 했다면 별 문제가 없는 일도, 육체적 노동이다 보니 힘들었다. 허리도 아프고 현기증도 자주 났다. 아무래도 농작물을 수확하다 보면 육체적 노동이 필수인데, 허리가 안 좋아서 항상 말썽을 부린다. 근간에는 감자를 수확하였는데 무거운 감자 박스를 들다가 등에 담이 결렸다. 어쨌든 나는 참으로 몸이 허약하다. 체질적으로 약하게 태어난 것이다. 갖은 병치레를 달고 살고 있고, 체력 또한 허약해 늘 허리도 아프고, 담도 자주 결린다. 조금만 힘에 부치는 일을 하면 탈이 나곤 한다. 그래서 농사도 아무나 지을 수 없다는 얘기가 나오는 것이다.

새벽 기상을 통해 성공을 이룬 사람들은 너무나 많다. 세계적인 인물로 빌게이츠, 워런 버핏, 오프라 윈프리, 오바마 대통령 등 그 수를 헤아릴 수 없다. 내가 생각하는 인생의 궁극적인 목표는 행복에 있다. 인생의 성공이나 출세도 따지고 보면 행복하기 위한 수단일 수 있다. 의미 있는 삶과 경제적 자유를 누리는 것 또한 행복의 수단일 수 있다는 얘기다. 그러면 어떻게 해야 행복할까? 행복은 작은 것들이 모여 큰 행복을 이룬다고 생각한다. 매일매일의 소소한 일상에서도 행복의 의미를 발견할 수 있다. 나는 책을 읽음으로써 인생의 행복을 느낀다. 책 속에는 내가 원하는 것들이 모두 있기 때문이다. 슬픔과 기쁨, 지식의 부족함에서 오는 갈급함, 마음을 평화롭게 하는 책 속의 말들과 성현들의 지혜가 녹아 있기 때문이다.

나는 책 쓰기를 인생의 마지막 버킷리스트로 생각했었는데 지금은 아니다. 지금 당장 무엇보다도 먼저 해야 할 최고 1순위 버킷리스트인 것이다. "성공해서 책을 쓰는 것이 아니라, 책을 써야 성공한다."라는 〈한책협〉의 김도사님의 말씀을 따라 책을 써서 성공하고 싶은 것이다. 나는 이렇게 지금 책을 쓰고 있고, 나처럼 평범한 사람이 책을 쓰는 기적을 지금 조금씩 이루어가고 있는 것이다. 나는 책 쓰기를 통해 베스트셀러 작가의 꿈도 새벽 기상이라는 단순하면서도 쉽지 않은 습관에서부터 시작되었다는 것을 분명히 말하고 싶다.

여러분도 새벽 기상을 통해 새로운 변화를 시도해보면 어떨까?

독서를 통해 인생 역전의
책 쓰기에 도전하다

요즘 많은 사람들이 책 쓰기에 관심을 가지고 있으며, 실제로 평범한 사람들이 책 쓰기를 통해 작가로 거듭나는 사례를 많이 볼 수 있다. 그만큼 지금은 '작가의 전성시대'라고 해도 무방할 것 같다. 그렇다손 치더라도 실제로 작가는 많지 않다. 우리나라 독서 인구가 전체 인구의 2% 미만이라는 통계가 있다. 이 중에서 책을 쓰는 인구는 0.2%밖에 안 된다고 하니 작가의 비율이 정말로 극소수에 불과한 것이다. 그러니 학사 위에 석사, 석사 위에 박사, 박사 위에 작가라는 말도 있지 않은가? 아무튼 작가는 주변에서 쉽게 찾아볼 수 없는 직업임에는 틀림없다. 하지만 책을 읽고 책을 많이 읽는 사람들은 누구나 한 번쯤 작가의 꿈을 꾸게 되고, 실제로도 작가로 성공하는 사람도 많이 있다. 이렇듯 책 쓰기는 인생의 어떤 도전보다도 값지고 위대한 도전임에 틀림이 없다.

예전에 나는 '작가는 타고난다'고 생각했다. 왜냐하면 주위에서 작가를 쉽게 만나기가 쉽지 않았다. 그리고 한 권의 책을 쓴다는 것은 노력만으로는 되는 일이 아니라고 생각했기 때문이다. 하지만 알고 보면 그들도 소수를 제외하고는 끊임없는 도전과 후천적인 노력으로 필력을 향상시켰다는 사실을 알게 된다. 그들이 유명해지기까지 혹독한 시련과 절망의 시기를 견뎌내야 했다. 그래서 요즘은 '작가는 타고나는 것이 아니라 만들어진다.'라고 한다. 우리가 잘 알고 있는 초대형 베스트셀러 작가들을 보자. 『연탄길』의 이철환 작가, 만화가로 유명한 강풀 작가, 명작 소설 『바람과 함께 사라지다』의 마가렛 미첼, 소설가로 유명한 백영옥 작가 등을 보면 이들이 처음부터 필력이 좋아 바로 계약이 된 것이 아니었다. 수십 번에서 수백 번의 퇴짜를 맞고 온갖 어려움과 고통을 감내하며 쓰고 또 쓰는 인고의 세월을 보내고 나서야 비로소 인정받은 것이다. 이것만 보더라도 작가는 타고나는 것이 아니라 만들어진다고 할 수 있다.

김도사가 지은 『평범한 사람을 1개월 만에 작가로 만드는 책 쓰기 특강』에 나온 글을 소개할까 한다.

"당신도 작가가 될 수 있다. 다만 작가의 꿈과 독서 습관화, 고군분투할 수 있는 마음가짐이 전제되어야 한다. 이 세 가지가 작가로 거듭나는 데 있어 필수 준비물이기 때문이다. 방송작가 김수현은 한 인터뷰에서 이렇게 말했다. '드라마 작가는 양성한다고 만들어지는 것이 아니다. 스스로의 재능과 성실함, 노력으로 스스로 성장해야 한다.' 작가는 키워지는 것이 아니라 스스로 크는 것이라는 뜻이다. 작가는 특별한 사람만이 될 수 있다는 생각은 쓰레기통에 던져버려라. 작가에 대한, 글쓰기에 대한 인식만 바꾼다면 누구나 작가가 될 수 있다."

이 글을 읽으면서 작가는 태어나는 것이 아니라, 스스로 부단한 노력과 각고의 인내로 작가가 될 수 있다는 믿음을 얻었다. 결국 작가는 콘텐츠를 가지고 쓰게 되는데, 사람은 누구나가 인생을 살아오면서 각자 다른 삶을 가지고 있다. 그러니 이러한 삶 자체를 작가의 콘텐츠로 하여 글을 쓰고 책을 써내면 된다고 생각하기 때문이다. 나같이 평범한 사람도 나의 인생 육십 년을 돌아보며 책 쓰기를 하고 있지 않은가?

요즘 세상은 1등 한 자, 즉 가장 강한 자만이 살아남는다. '승자독식'이라는 말도 있다. 1등 한, 승리한 사람이 모든 것을 가져간다는 의미이다. 그런 의미에서 '퍼스널브랜딩'은 필수가 되었다. 퍼스널브랜딩이 무슨 의미인가? 나 자신을 브랜드로 만든다는 것이다. 퍼스널브랜딩으로 성공한 사람들의 이야기를 들어보면, 스티브 잡스, 오프라 윈프리, 김연아 등을 들 수 있다. 이들의 이름만 들어도 어떤 사람인지 우리는 알 수 있기 때문이다. 이름 자체가 바로 '경쟁력'을 나타내는 것이다. 퍼스널브랜딩을 강화하기 위한 방법을 알아보자. '우선 한 분야에서 전문가로 인정받아야 한다. 그리고 자신의 이미지에 적합한 영역을 확장해나가야 한다.'라는 것이다. 그러한 방법 중에 가장 좋은 방법이 책을 써서 자신을 브랜딩하는 것이다. 사람은 누구나 한 가지 재능은 있다. 자신이 가장 잘 아는 전문 지식을 바탕으로 책을 쓰는 것이다.

이렇게 책을 써서 자신을 대중에게 알리면 되는 것이다. 그렇게 하면 독자에서 저자로 위치가 바뀐다. 그리고 인생도 180도 바뀌게 된다. 내가 사람들을 찾아가서 나를 알리는 것이 아니라, 책을 냄으로써 독자들이 나를 찾아오게 만드는 것이다. 이 얼마나 가슴 뛰는 일인가. 독자들은 책을 읽고 책을 통해 변화한 나를 보면서 자신들도 변화할 수 있다는 믿음을 갖게 될 것이다. 그러한 독자들의 조그마한 변화가 책을 통해 시작되는 것이다.

나 또한 독서를 하면서 그동안 느끼지 못했던 책 쓰는 법에 대해 공부하는 계기가 되었다. 나는 지난 4월 독서 모임에 참여하면서 독서를 하고 있었다. 그러다 〈한책협〉에서 실시하는 '책 쓰기 1일 특강'에 참여했다. 그리고 그날 바로 '책 쓰기 과정'에 등록하면서 책 쓰기 과정을 익혔다. 그리고 책 쓰기 과정이 끝나자마자 놀랍게도 출판사와 계약을 하게 되었다. 이 모든 것이 〈한책협〉의 김도사님의 코칭으로 가능하였다는 사실을 밝히고 싶다. 내 속에 있는 가능성과 열정을 끄집어낼 수 있는 기회나 기술이 없다면 불가능한 일이기 때문이다. 나는 단지 〈한책협〉에서 김도사님의 코칭대로 따라 했을 뿐이다. 김도사님은 놀라운 격려와 동기부여 능력을 갖고 있다. 책 쓰기에 있어서 책을 쓸 수 있다는 자신감은 아주 중요한데, 김도사님은 이 부분을 아주 강하게 살려준다.

김도사님은 25년간 250권 이상의 저서를 출간했으며, 지난 10년간 1,100명의 작가를 배출한 책 쓰기 분야의 '구루'로 불린다. 출판 기획자이며 출판계의 미다스 손으로 유명하다. 이분은 예비 작가들의 마음을 누구보다도 잘 알고 있다. 그러다 보니 대부분의 예비 작가들이 김도사님이 '책 쓰기 강의'를 들으면서 과정 중에 출판사와 계약하는 놀라운 일들이 벌어지고 있다. 나 또한 '책 쓰기 과정'이 끝나자마자 출판 계약을 하는 기적 같은 일을 체험했다. 책 쓰기 코칭계의 최고의 달인 그 자체라고 할 수 있을 것이다. 가장 빨리, 가장 짧은 시간에 책 쓰기를 하는 것은 시간을 절약하는 것이기 때문에 무엇과도 바꿀 수 없는 귀중한 것이다. 책 쓰기로 인생을 역전하고 싶은 사람에게 적극 추천하고 싶다. 최고가 되고 싶다면 최고에게 배워라. 요즘은 직장인뿐만 아니라 전업주부들도 책을 쓰고 있다. 나는 독서를 하면서 독서 모임에 참여하기 위한 오픈채팅방을 방문한다. 이 채팅방에서 알게 된 작가로 활동하면서 직장에도 나가고 있는 한 분을 소개할까 한다.

이분은 황상열 작가로 대학에서 도시공학을 전공하고 현재 도시계획 엔지니어, 토지개발 인허가 검토 등의 일을 하고 있다. 독서와 글쓰기를 좋아하는 만 15년차 직장인이자 작가, 강사, 서평가로 활동 중이다. 30대 중반, 다니던 네 번째 회사에서 해고를 당한 이후 지독한 우울증과 무기력증에 빠지면서 인생의 큰 방황을 겪었다. 극복하기 위해 지독한 생존 독서를 하며 나 자신을 돌아보았다. 항상 남 탓만 하던 나 자신에게 문제가 있음을 알게 되었다. 그리고 "책이 인생을 바꿀 수 있다."라는 말을 몸소 경험하고 나서 독서의 위대함을 세상에 널리 알리고 있는 중이다. 앞으로도 많은 사람들에게 읽고 쓰는 삶이 얼마나 좋은지 알려주는 메신저가 되고 싶은 소망이 있다. 저서로『모멘텀(MOMENTUM)』,『미친 실패력』,『땅 묵히지 마라』,『나를 채워가는 시간들』,『독한 소감』,『괜찮아! 힘들 땐 울어도 돼』등 열다섯 권이 있다.

또 한 사람은 전업주부이면서 작가가 된 사람을 소개한다.『엄마의 두 번째 사회생활』을 쓴 유애선 저자의 채널예스의 인터뷰 기사 내용과 책 소개 내용을 소개할까 한다.

"집에서 오랫동안 주부로 지내다 보면 자신감이 깊은 동굴 속으로 들어가 있습니다. 다시 동굴 밖으로 나오려면 쉽지 않습니다. 누구나 똑같은 두려움을 갖고 있습니다. 두려움을 깨고 세상 밖으로 나오는 데는 특별한 용기가 필요한 것이 아니라 아주 작은 용기만 있으면 됩니다."(참고: 〈채널예스〉, 2020. 03. 27.)

이분은 앞으로 세 아이들을 키웠던 내용을 바탕으로 생동감 있는 자녀 교육서를 출간하고 신인 영업인들을 코치하는 일과 영업인으로 활동도 계속하며, 영업 노하우를 바탕으로 연수원에서 강의하는 것에 도전할 생각이라고 한다.

아울러 대학원에서 공부한 리더십과 코칭을 통해 취득한 코칭 자격을 가지고 전문 코치로서의 코칭 활동도 꾸준히 할 계획을 가지고 있다.

저자는 은행에서 첫 직장 생활을 시작해 청와대를 거친 화려한 사회생활을 접고 세 딸을 키우는 전업맘으로 10여 년을 보낸 후, 마흔아홉에야 두 번째 사회생활에 뛰어들었다. 주변에서 모두 말리는 '영업'일이었지만, 딸에게 엄마도 할 수 있다는 걸 보여주고 싶어 포기하지 않았다. 지금은 '그 어려운 일을 해낸 엄마'로서 가족들에게 존경받고, 직장에서는 '끈기 있고 열정적인 억대 연봉 능력자'로 모범 사례가 되고 있다.

『엄마의 두 번째 사회생활』은 '나이가 많아서, 능력이 없어서, 받아주는 곳이 없어서, 자신이 없어서…' 재취업이 두려운 경력단절 전업맘들에게 강력한 동기 부여가 되어줄 것이다.

위의 두 가지 사례는 직장인이든 전업주부든 누구나가 작가가 될 수 있다는 사실을 보여준다. 나 또한 인생 육십년을 살면서 내세울 것 하나 없는 평범한 사람이다. 오히려 인생의 실패를 밥 먹듯 하여 평범 이하인지도 모른다. 그럼에도 불구하고 책 쓰기에 도전하였고, 이렇게 책 쓰기를 하고 있는 것이다. 나는 독서를 통해 새로운 세상을 보았고, 그 세상은 책 쓰기 후의 세상이다. 지금과 다른 새로운 세상을 위해 나는 지금도 인생 역전의 책 쓰기에 도전하고 있는 것이다. 여러분도 나와 같이 인생을 역전시킬 책 쓰기에 지금 당장 도전해보는 것은 어떨까?

07

자기혁신을 위해
해야 할 것과 하지 말아야 할 것

사람은 누구나가 잘되기 바란다. 그러나 모든 사람이 생각하는 대로 되지 않는 경우가 많다. 그럴 때 우리는 자기 자신을 돌아보고, 무엇이 잘못되었는지 점검한다. 그리고 과거와 같은 방법과 방식으로는 잘 되지 않는다는 것을 깨닫게 된다. 그리고 자신을 바꾸기 위해 계획을 세우고, 실천한다. 그럼에도 불구하고 우리 인생은 쉽게 바뀌지 않는다는 것을 알게 된다. 그러면 진정으로 자신이 바라는 바를 성취하려면 어떻게 해야 할까?

방법은 자기혁신이다. 자기혁명인 것이다. 혁신이나 혁명이란 말을 풀

이해보면, 국어사전에 '혁신'은 묵은 풍속, 관습, 조직, 방법 따위를 완전히 바꾸어서 새롭게 함을 뜻한다. 온라인 백과사전 위키피디아에 의하면 '현대적 의미에서 혁신은 새로운 아이디어, 창조적 생각, 방법이나 도구 형태의 새로운 상상력'이라고 한다. '혁명'은 이전의 관습이나 제도, 방식 따위를 단번에 깨뜨리고 질적으로 새로운 것을 급격하게 세우는 일이라고 되어 있다. 혁신이나 혁명이란 말은 대동소이하다고 보아도 무방할 것이다.

나에게 있어서 자기혁신은 '나를 바꾸는 것'이다. 이전의 나, 과거의 나를 버리고, 새로운 나, 현재의 나와 미래의 나를 세우는 것이다. 그러려면 어떻게 해야 할까? 기존의 나를 버려야 한다. 나는 성공하고 싶었다. 누구보다도 더 성공해서 이 사회에 선한 영향력을 끼치는 사람이 되고 싶었다. 그래서 나는 지금까지 성공하지 못한 이유를 분석해보고, 성공하기 위한 마지막 수단을 동원하고 있다. 인생 제2막의 성공적인 삶을 위해 독서를 통해 그 답을 찾은 것이다. 그리고 나는 자기혁신을 위해 해야 할 것과 하지 말아야 할 것들을 정리하면서 생활하고 있다.

우선 먼저 자기혁신을 위해 해야 할 일을 정리해보겠다.

첫 번째는 새벽형 인간이 되기 위해 새벽 5시에 기상하는 것이다. 이는 아침을 여는 스트레칭과 명상, 아침 걷기 운동의 전제조건이라 말할 수 있다. 이것이 자기혁신을 위한 최우선 실천 과제인 것이다. 새벽 기상을 통해서 나는 새로운 변화를 시작했기 때문이다. 그리고 저녁에는 10시에서 늦어도 11시 전에는 취침한다는 것이다. **두 번째는 아침에 일어나면, 시원한 냉수로 위를 깨운다.** 그러면 대장 운동이 활발해져서 대변이 잘 나온다. 밤새 쌓인 노폐물과 찌꺼기들을 깨끗이 내보낼 수 있는 것이다. **세 번째는 아침 걷기를 30분 정도 한다.** 이는 아침의 신선한 공기를 마시며, 폐에 맑고 깨끗한 공기를 순환시키는 작업이다. 우주와 자연과 내가 하나가 되는 순간이라고도 할 수 있다.

　네 번째로는 아침 필사를 시작으로 아침 독서를 한다. 아침 독서는 1시간에서 1시간 반 정도를 하는데 역시 집중이 잘된다는 것이 장점이다. 자기혁신을 위한 내실을 기할 수 있는 좋은 기회이다. 지금은 책 쓰기를 목표로 책을 읽고 있기 때문에 많은 책을 옆에 놓고 찾아보듯이 매일 독서를 하고 있다. **다섯 번째는 자기 확신이다.** 자신이 자신을 믿지 않으면, 아무도 자신을 믿지 않을 것이기 때문이다. 그리고 나는 반드시 성공할 수 있다는 자기암시를 함으로써 자기 확신을 실현해나가는 것이다. '나는 할 수 있다. 나는 성공할 수 있다. 나는 베스트셀러 작가가 된다. 나는 1인 창업가로 성공한다. 나는 부자다. 나는 선한 영향력을 세상에 널리 퍼트리는 메신저가 된다.'라고 이렇게 매일 아침에 중얼거리기도 하고, 외치기도 한다.

그럼 자기혁신을 위해 내가 하지 말아야 할 것들은 어떤 것이 있는지 열거해보겠다.

　나는 첫 번째로 TV 시청을 하지 않는다. 왜냐하면 TV 시청은 생각 없이 드라마나 연속극을 보게 되고 그 파장은 오래간다. 다시 말하면 생각대로 보는 것이 아니라, 드라마나 연속극을 보는 대로 생각하게 됨으로써 수동적 인간이 되는 것이다. 특히나 뉴스의 경우는 즐겁고 행복한 소식보다 각종 안 좋은 사건이나 사고 위주로 방영한다. 그러다 보니 뉴스를 보고 즐기는 것이 아니라, 이 사회 현상에 대한 걱정과 근심이 가득하다. 따라서 나는 부득이한 경우를 제외하고 뉴스는 보지 않는다. 필요하면 스마트폰으로 살펴보면 된다.

　두 번째는 스마트폰의 오픈채팅방 보는 것을 자제한다. 왜냐하면 요즘 코로나19로 언택트 시장에서 온택트 시장으로 급변하면서 등장한 것이 오픈채팅방이다. 그런데 이러한 오픈채팅방을 보고 있노라면, 하루 종일 봐도 다 볼 수 없을 정도로 정보가 넘친다. 수많은 사람이 정보를 퍼트리는 것이 장점도 있지만, 단점도 있음을 알아야 한다. 정보만 소비하는 소비자가 되지 말고, 정보를 생산하는 생산자가 되어야 한다.

　세 번째는 '부정적인 생각 안 하기'이다. 책을 쓰면서 '내가 과연 책을 쓸 수 있을까?'라는 부정적인 생각은 하지 않는다. 누구나 자신의 인생이라는 재료가 있기 때문에, 책을 쓸 콘텐츠는 충분하다고 생각하기 때문이다.

네 번째는 너무 완벽하게 일을 하겠다는 마음가짐을 버릴 것이다. 인간은 완벽한 존재가 아니다. 대부분 부족한 부분이 많다는 것을 인정해야 한다. 신이 아닌 이상 인간은 늘 실수도 하고 결점도 많은 것은 당연하다. 책 쓰기도 너무나 잘 쓰려고 애쓰면 오히려 책을 잘 쓸 수 없다는 역설도 있듯이 부담감을 버리고 책을 써야 한다.

역사상 자기혁신으로 성공한 사람들의 사례를 들어보자.

송의달이 쓴 책 『세상을 바꾼 7인의 자기혁신노트』는 우리에게 친숙한 일곱 명의 인물에 대한 차분한 분석과 해석을 통해 '자기혁신'을 이루는 구체적인 방법을 제시한다. 책에 등장하는 7인은 손정의 일본 소프트뱅크 회장, 도널드 트럼프 미국 대통령, 마오쩌둥 중국 국가주석, 리카싱 홍콩 청쿵그룹 창업자, 보구엔 지압 베트남 전쟁 영웅, 우리나라의 이순신 장군과 정주영 현대그룹 창업주이다. 시대와 장소뿐만 아니라 활동 영역을 달리하는 이들 7인을 한 권에 담은 이 책의 가장 큰 특징은 그들이 직접 쓴 저술이나 일기, 인터뷰 같은 1차 자료를 기본으로 삼고 그것에 꼼꼼하게 근거하고 있다는 점이다. 이를 바탕으로 7인이 세상을 바꾼 혁신을 이루게 된 '내면'의 움직임, 즉 생각의 형성 과정과 여러 위기 상황에 대한 창조적인 대응 방안을 정확하면서도 정돈되게 추적한다.

세상이 아무리 디지털화하고 기계화가 급속 진행되더라도 세상을 움직이고 바꾸어나가는 것은 '사람'의 몫이다. 변화를 탐구하고, 그 변화에 대응해 그것을 기회로 이용하는 안목을 갖는 게 중요하다. 이 책은 그런 점에서 '우리도 마음먹고 노력하기에 따라 자기 인생을 혁신하고 사회와 세상에 기여할 수 있다.'라는 큰 전제 아래 실용적인 해법과 방법론을 제시한다.

그 사례를 통해서 보면, 성공한 사람들은 누구나가 자기혁신을 했다는 사실을 알 수 있다. 자기혁신은 성공을 바라는 사람이라면 반드시 갖추어야 할 덕목이라고도 할 수 있을 것이다.

『톰 피터스 자기혁신 i디어』에서 주장하는 혁신의 개념은 '혁신=조직적 망각'이다. 그만큼 철저히 과거를 잊고, 파괴하지 않으면 외부의 힘에 의해 파괴당하고 만다는 것이다. 연예계를 보면 이효리와 유재석이 최고 스타 반열에 올라 있다. 두 사람의 공통점은 자기 파괴다. '내가 최고다.'라고 변하지 않은 것이 아니라 스스로 일반인들보다도 더 자기를 파괴해서 최고의 자리에 우뚝 섰다. 이 책은 끊임없이 자기 파괴와 망각을 외친다. 페이지를 넘길 때마다 잊을 만하면 자기 파괴와 망각이란 글귀가 눈에 들어온다. 그만큼 과거에 대해 철저히 망각하고 혁신을 외치는 저자의 의도를 간파해야 한다.

톰 피터스는 자기혁신의 15가지 아이디어를 이 책에서 제시하고 있다. 그 항목들은 지금 이미 이루어진 것도 있고, 진행되고 있는 것도 있다. 불확실성의 시대에 지금 무엇을 어떻게 파괴해야 할지 궁금한 점들이 있다면 이 책을 일독해보길 권한다. '계란은 스스로 깨어날 때 생명체인 병아리가 되지만 남에 의해 깨질 때 죽은 계란 프라이가 된다.'라는 사실을 명심하자. 병아리가 알을 깨고 나오는 것은 많은 노력과 고통의 시간을 요하는 작업이다. 알을 깨고 난 후에도 오랜 시간 누워서 꼼짝을 못하다가 서서히 뼈마디에 힘을 공급하여 한 마리의 병아리로 우뚝 선다. 그러나 알에서 나오지 않으면 편안한 상태로 있다가 갑자기 프라이팬에 떨어져 계란 프라이가 되고 만다. 자기혁신! 선택할 것인가? 선택당할 것인가? 선택은 바로 나이자 당신이다.

위 두 가지 사례에서도 보듯이 한 인간이 성공하기 위해서는 반드시 자기혁신이라는 과정을 거쳐야 한다. 자기혁신은 과거와 같은 내가 아닌 완전히 다른 내가 되었을 때 가능한 것이다. 개구리가 온탕에 있을 때 따뜻함에 심취해 있다가는 점점 더 삶아져서 익어서 죽고 마는 것처럼, 여러분도 과감히 지금의 편안함에서 탈피하는 자기혁신을 할 때이다. 그래야만 진정으로 당신이 원하는 성공의 열매를 딸 수 있기 때문이다. 여러분도 지금 당장 자기혁신을 위한 도전을 시도해보면 어떨까?

평범한 나를 1%의
특별한 사람으로 바꾼 마법

여러분은 1%의 특별한 사람이 되고 싶지 않은가? 아마도 그 방법을 안다면 여러분도 누구나가 1%의 특별한 사람이 되고 싶어 할 것이다.

평범한 나를 특별한 사람으로 바꾼 마법에 대해 이야기해보려 한다.

첫 번째로는 내가 저녁형 인간에서 아침형 인간으로 변한 것에 대해 먼저 얘기해볼까 한다. 누누이 강조한 얘기지만, 성공한 사람 치고 아침형 인간이 아닌 사람을 찾아보기 힘들다. 그렇다면 여러분도 성공하고 싶으면, 아침형 인간이 되기 위해 행동해야 한다. '무엇인가를 간절히 원하면 이루어진다'고 한다. 여러분이 성공하기를 원하고 있다면 그리고 간절히 원하고 있다면 지금의 행동에서 변화를 꾀하여야 한다. 무조건 아침형 인간으로 바뀌어야 한다. 아침형 인간이 되지 않고서는 성공을 기대하기 어렵다. 왜냐하면 성공한 사람의 대다수가 아침형 인간이기 때문이다. 그런데 대부분의 사람은 어떤가? 대다수가 저녁형 인간으로 살아가고 있는 게 현실이다. 일상의 반복적인 생활을 계획 없이 살아간다면, 저녁형 인간으로 어제와 다른 내일은 기약할 수 없다.

새벽은 만물의 탄생 시간이자, 모든 생명체가 새로운 시작을 준비하는 시간이다. 새벽은 양기와 음기가 적절히 조화되어 있으며, 아침이 되면서 양기로 바뀌게 된다. 그래서 이 새벽의 공기는 그 어느 때보다도 맑고 시원하다. 이때 하루를 시작하는 사람을 새벽형 인간이라고 한다.

유튜브로 인기가 높은 김미경 작가가 있다. 지금 잘나가는 자신을 만들기 위해 7년 이상 새벽형 인간으로 살면서 준비를 했다고 한다. 그리고 그녀는 적어도 4시 30분에는 기상을 한다고 한다. 또한 고 정주영 회장님의 몸에 밴 습관으로 인한 자기 관리는 성공을 꿈꾸는 이들에게 큰 모범 사례로 꼽힌다. 이런 말을 남겼다.

"나는 젊었을 때부터 새벽 일찍 일어난다. 왜 일찍 일어나느냐 하면 그날 할 일이 즐거워서 기대와 흥분으로 마음이 설레기 때문이다."

이런 생각과 행동이 우리로 하여금 성공을 꿈꿀 수 있게 만든다.

스타벅스의 CEO 하워드 슐츠는 새벽 5시에 기상하여, 진한 스타벅스 커피를 마시며 뉴욕타임스나 월스트리트저널 등을 빠르게 검색하고, 전 세계 매장들의 판매 동향을 체크한다고 한다. 비단 우리나라뿐만 아니라 세계적으로 성공한 사람들의 기본 조건이 최소한 아침형 인간이라는 것은 이제 공공연한 사실이다. 어느 책에서 밝힌 바로는 한국의 자수성가한 이들 100명을 조사했는데, 그중 88명이 새벽 4시에서 6시 사이에 기상한다고 한다.

두 번째로는 독서하는 습관을 들 수 있다. 책 속에는 많은 사람들의 지식과 지혜가 녹아 있다. 따라서 책을 읽는 것만으로도 큰돈을 들이지 않고 사고의 폭을 넓힐 수 있다. '독서는 마음의 양식'이라고 흔히 말한다. 작은 씨앗이 큰 나무로 자라기 위해서는 영양분이 필요하다. 책은 사람이 성장해가는 데 꼭 필요한 영양분을 제공해준다. 많은 종류의 책은 우리에게 지식과 지혜, 사고하는 능력을 향상시킨다.

"당신에게 가장 필요한 책은 당신으로 하여금 가장 많이 생각하게 하는 책이다."라는 마크 트웨인의 말은 시사하는 바가 크다. 우리들이 책을 많이 읽어야 하는 이유 중 하나가 사고하는 능력을 키워주기 때문이다. 책을 읽다 보면 사고가 확장되고 생각하는 능력 또한 향상된다고 할 수 있다. "책 속에 길이 있다."라는 말도 있다. 인생을 어떻게 살아야 할 것인지, 인간관계로 부딪히는 문제를 어떻게 해결할 것인지, 어떤 어려운 상황이 닥쳤을 때 슬기롭게 헤쳐나가는 방법은 무엇인지 등 인간사의 온갖 문제들의 해답을 책에서 찾을 수 있다.

우리는 인생을 살면서 수많은 선택의 순간을 갖게 된다. 여러 갈림길에서 한 쪽을 선택할 수 있고, 다른 쪽을 선택할 수도 있다. 내가 어떤 길을 선택하느냐는 전적으로 나의 선택에 달려 있다. 우리가 올바른 선택을 하기 위해서는 많은 지혜와 경험을 쌓아야 한다. 하지만 우리 한 사람이 경험할 수 있는 데는 한계가 있다. 그래서 우리는 책을 통해 내가 경험해보지 못한 세계를 탐험하고 깨달아가는 것이다. 꿈과 희망이 있는 한 우리는 책에서 수많은 경험과 지혜를 얻을 수 있고, 깨달음을 얻어 올바른 선택을 할 수 있는 것이다.

우리는 어려서부터 '실패는 성공의 어머니'라는 말을 많이 들어왔다. 인생을 살다 보면 누구나 실패를 겪는다. 이때 같은 실패를 되풀이하지 말아야 하는데, 대부분의 사람은 실패에 집착하기 때문에 앞으로 나아가지 못한다. 실패는 성공의 디딤돌이다. 실패 없는 성공은 기대하기 어렵다. 그러니 실패를 결코 두려워하거나 낙담하면 안 된다. 실패는 성공으로 가는 필요한 조건이다. 도전하라! 그리고 실패하라! 그러면 성공은 성큼 당신 앞에 와 있을 것이다.

세 번째는 책 쓰기에 도전한 것이다. 책 쓰기야말로 인생을 역전시킬 수 있는 비장의 무기가 될 수 있다. 지금껏 실패만 하여왔는가? 지금까지의 인생이 불만족스럽고, 한심하다는 생각이 든다면 일단 한번 책 쓰기에 도전해보라. 나도 그동안 육십 평생을 성공을 위해 달려왔지만, 몸과 마음은 만신창이가 되고, 실패의 쓰디쓴 고배를 얼마나 마셨는가! 이제 실패는 더 이상 내게 새삼스러운 일도 아니다. 더 이상 실패할 것도 없다. 이제는 성공만 남았다. 나는 책 쓰기를 통해 책을 읽는 방법도 깨닫게 되었다. 그럼 당신은 이렇게 질문할 것이다. "책은 아무나 쓰나요? 문학적 재주가 있거나 성공한 사람들이나 쓰는 것 아닙니까?" 대답은 "노(NO)!"다.

예전에는 그랬을지 몰라도 지금 시대는 누구나가 책을 쓸 수 있고 실제로 책을 내고 있다. 20대 젊은이부터 80대 어르신 이상까지도 책을 내고 있다. 대학생은 물론, 주부, 직장인 등 직업을 불문하고 다양한 계층에서 책을 내고 있는 게 현실이다. 그야말로 '책 쓰기 전성시대'가 된 것이다.

『자본 없이 콘텐츠로 150억 번 1인 창업 고수의 성공 비법』의 저자 김도사의 말을 인용해본다.

"내가 알고 있는 지식과 경험, 인생의 깨달음이 담긴 책을 펴내면서 진짜 자기계발은 책 쓰기라는 것을 알게 되었다. 책을 쓰는 일은 아웃풋 자기계발이다. 그동안 머릿속에 집어넣은 것들을 끄집어내어 책 속에 담는 창조적 작업이다. 자신이 알고 있는 것들을 텍스트로 한 문장씩 써 내려갈 때 지식과 정보, 경험, 깨달음이 정리가 된다. 그러한 것들이 비로소 지적 재산이 되는 것이다. 보이지 않는 지적 재산이 얼마나 가치가 있는지 깨닫게 된다. 내가 책 쓰기를 자기계발의 끝이라고 말하는 이유다."

이렇듯 책 쓰기는 자기계발을 염두에 두고 책을 읽는 사람이라면, 반드시 해야 한다. 그동안 집어넣기만 하던 인풋 독서에서 끄집어내는 아웃풋 독서를 해보자. 그래서 책 쓰기를 '아웃풋을 통한 자기계발의 끝판왕'이라고도 할 수 있을 것이다. 적어도 독서를 즐기는 분이나 독서를 하는 분들은 대부분 책 쓰기에 관심이 많음을 알 수 있다. 이러한 책 쓰기로 작가가 된다면 그야말로 1%의 특별한 사람이 될 수 있는 기회를 잡는 것이다.

네 번째는 1인 창업이다. 책을 쓰고 저자가 되었어도 1인 창업으로 이어지지 않으면 전폭적인 부의 상승을 기대할 수 없다. 1인 창업을 통해서 저자로, 강연가로, 코치로, 컨설턴트로 나의 지식과 경험을 활용해 깨달음을 전달함으로써 부를 창출할 수 있는 것이다.

"끝에서부터 시작하라."라는 말이 있다. 이 말은 성공한 모습대로, 원하는 목표가 달성된 것에서부터 시작하라는 말이다. 성공한 사람들은 대부분 책을 낸다. 그들은 성공한 자신의 삶에 대한 자서전격으로 책을 쓰는 것이다. 하지만 우리는 비록 성공하지 못했더라도 성공한 것처럼 미리 책을 쓰는 것이다. 그래서 "성공해서 책을 쓰는 것이 아니라, 책을 써야 성공한다."라는 말이 나오는 것이다.

1인 창업은 나 자신을 브랜드로 만들어 책을 쓰고 홍보하는 퍼스널브랜딩인 것이다. 다른 사람에게 나의 경험과 지혜와 깨달음을 전달하는 메신저가 되는 것이다. 자신의 얼굴과 이름이 들어간 책을 씀으로써 작가, 강연가, 코치, 컨설턴트로 활동하는 것이다. 이러한 메신저의 삶은 가치 있는 삶과 부와 명예를 동시에 거머쥘 수 있는 최고의 직업인 것이다. 평범한 나를 1%의 특별한 사람으로 바꾼 마법은 앞에서 열거한 대로 새벽형 인간이 되는 것으로 시작하여, 독서와 책 쓰기, 1인 창업임을 알게 되었을 것이다.

자, 이제 여러분도 나처럼 평범한 사람에서 1%의 특별한 사람이 되는 마법에 빠져보면 어떨까?

Dream
Challenge!

Dreams
Come True!

CHAPTER 3

열심히 읽는 게
아니라
잘 읽어야 한다

01

이제부터 전략적 독서를 하라

'전략적 독서'란 어떤 것일까? 전략이란 단어 때문에 어렵고, 난감하다는 생각이 들 수도 있을 것이다. 쉽게 생각하면 목적을 가지고 독서를 하라는 것이다. 보다 심도 있게 생각한다면 계획을 잘 짜서 독서를 하라는 의미일 것이다.

역사적으로 '전략'은 '전쟁'에서 비롯되었다고 한다. 쉽게 이야기하면 전략은 전쟁에서 이기기 위한 방법이다. 이순신 장군이 열두 척의 배로 수백 척에 달하는 일본군과 맞서 싸울 때, 아무런 전략 없이 전쟁에 임했다면, 역사적인 명량해전은 절대 나올 수가 없었을 것이다. 이순신 장군은 누가 봐도 열세인 상황에서도 전쟁에서 승리하기 위해 치밀하게 준비했다. 적의 상태를 명확하게 파악하기 위하여 항상 동태를 살폈고, 전쟁의 배경이 되는 울돌목의 특성과 파도를 명확하게 분석했다. 왜선과 우리 군사들의 무기들을 분석하여 이길 수 있는 무기인 거북선을 만들었다. 결국 전쟁에서 승리했다. 이런 일련의 과정들이 전쟁의 '전략'이다. 다른 예를 들어 보면 축구 경기에서 4-4-2, 3-4-3 포메이션도 결국 모두 '전략'이다. 친구와 가위, 바위, 보 게임을 할 때, 친구가 무엇을 자주 내고 어떤 순서로 자주 내는지 파악해서, 내가 무엇을 낼지 결정하는 것도 일종의 전략이다.

이런 일상적인 전략의 예시들을 생각해보면 전략이 무엇인지 조금 더 쉽게 이해할 수 있다. 저자가 생각하는 전략적 독서는 목표를 달성하기 위해 내가 취할 수 있는 가장 효율적이고 효과적인 방법이 아닐까 생각한다. 다시 말하면 '책을 효과적으로 잘 읽는 방법이나 과정'을 말한다고 할 수 있다.

인생을 좀 더 나은 방향으로 바꾸기 위해 하는 독서가 전략적 독서다. 필자가 관심이 있는 독서도 전략적 독서다. 취미로서의 독서보다는 전략적 독서를 주로 하고, 취미로서의 독서는 부수적으로 하는 것이 바람직

하다고 생각하기 때문이다. 취미로서의 독서에서 전략적 독서로의 방향 전환이 저자의 인생을 바꾸었다. 자신의 계획에 따라 선택한 책으로 책 읽기를 하면서 책꽂이를 채웠다. 그리고 나 자신의 문제점들에 대해 해결하는 방법을 책에서 찾아 나가겠다는 마음으로 책을 읽으면 어떤 식으로든 결과가 도출된다. 한번 해보면 어떨까? 원하는 결과를 거둘 수 없을지는 모르지만, 지금보다 좀 더 삶이 나아질 것은 분명하다.

공병호 작가는 『공병호의 자기 경영 노트』에서 '책 읽기와 80대 20 법칙'을 소개하고 있다. 원래 '80대 20 법칙'은 영국 작가 리처드 코치가 주장한 것이다. 파레토 법칙 또는 80대 20 법칙은 "전체 결과의 80%가 전체 원인의 20%에서 일어나는 현상"을 가리킨다. 예를 들어, 20%의 고객이 백화점 전체 매출의 80%에 해당하는 만큼 쇼핑하는 현상을 설명할 때 이 용어를 사용한다. 이는 투입량, 원인, 노력 중에서 작은 부분이 대부분의 산출량, 결과, 성과를 이뤄낸다는 법칙이다. 다시 말해 투입량 중에서 20%가 산출량의 80%를 만들어내고, 원인 가운데 20%가 결과의 80%를 가져오며, 노력의 20%가 성과의 80%를 만든다는 것이다. 공병호 작가는 이 법칙을 독서에 응용했다. 책에서 핵심적인 내용은 책의 20% 안에 들어 있다. 따라서 그 핵심 20%만 제대로 뽑아서 읽으면 된다는 것이다. 책을 처음부터 읽어야 한다는 고정관념을 버려라. 이제는 핵심만 골라서 읽어야 한다.

요즘 사람들은 누구나가 바쁘다. 시간이 없어서 독서를 못 한다고 한다. 이런 사람들을 위해 필요한 것이 80대 20 법칙을 응용한 전략적 독서이다. 짧은 시간 동안 핵심만을 골라 읽는 것은 시간의 제약이 따르지 않는다. 이제 80대 20 법칙을 염두에 두고 핵심 독서법으로 전략적 독서를 할 때이다.

처음에 독서 습관을 키울 때는 책을 많이 읽는 것이 중요한 역할을 한다. 하지만 어느 정도 독서력이 갖추어졌다면 책을 많이만 읽는 것은 더 이상 중요하지 않다. 나도 한때는 다독을 하는 사람이 무척 부러웠다. 하지만 중요한 것은 얼마나 많은 책을 읽었느냐가 아니라 그 책을 읽고 얼마나 나의 삶을 바꾸었느냐에 달려 있다고 할 수 있다. 책을 통해 삶이 바뀌지 않는 실천이 없는 독서는 단지 시간낭비일 뿐이다. 그러기 위해서는 책과 끊임없이 대화를 해야 한다. 책과 대화를 하려면 밑줄을 그어가며 읽고, 메모하고, 책의 여백에 내 생각을 틈나는 대로 적어야 한다. '책을 깨끗하게 읽으면 깨끗하게 잊혀버린다.'라는 말을 기억하자.

카오스적 사고를 겪으면서 그 생각의 다름을 찾아가는 과정에서 생각의 폭이 넓어지고 깊어질 수 있다. 사실 이 부분은 가장 난해한 부분일 것 같다. 하지만 이 과정의 산고를 잘 견뎌내야 나의 삶이 한 단계 더 업그레이드되고 깊이 있는 사람이 될 수 있을 것이다.

독서의 목적을 고려하여 자신에게 적합한 책을 능동적이고 주체적으로 선택한다. 다양한 분야의 책을 비판적인 사고를 가지고 읽으며, 저자의 관점을 이해하면서 책을 능동적으로 읽는다. 독서의 맥락과 책의 특성을 감안하여 전략적으로 읽는다. 여러분도 전략적으로 책을 읽어보면 좋지 않겠는가.

02

책을 무조건 많이만 읽는다고
변하는 것은 아니다

책을 무조건 많이만 읽으면 좋을까?

물론 책을 많이 읽는 것이 책을 읽지 않거나, 책을 적게 읽는 것보다는 낫다고 생각한다. 하지만 무조건 책을 많이 읽는다고 인생이 바뀌거나 변하지는 않는다는 사실이다.

책을 단 한 권을 읽더라도 커다란 깨달음을 얻어 인생의 변화를 맞을 수도 있다. 반면에 수많은 책을 읽더라도 인생의 변화를 느낄 수 없을 수도 있는 것이다. 또한 사람에 따라서는 같은 책을 읽더라도 어떤 사람은 커다란 깨달음이나 변화를 얻기도 하지만, 또 어떤 사람들은 아무런 깨달음이나 변화를 얻지 못하는 경우도 생긴다. 이렇듯 인생이나 독서에 있어서도 사람에 따라 많은 차이를 보이는 것이다.

어떤 사람들은 책을 하루에 한 권씩 읽어서 1년에 최소 50권 이상 100권을 읽겠다는 목표를 세운다. 하지만 그렇게 많은 책을 읽겠다고 하면 정말로 다 읽을 수 있을까? 거의 불가능하다고 봐야 할 것이다. 그런데 실제로는 극소수지만 100권, 3년에 1,000권을 읽는 사람도 가끔은 있다. 그러나 책을 읽는 데에는 숫자는 그리 중요하지는 않는 것 같다. 책을 어떻게 읽느냐에 따라 다르기 때문이다. 독서는 한 인간의 인생을 바꾸는 수단이 되기도 하고, 꿈을 이루는 계기가 되기도 한다. 교보문고를 창립한 신용호 회장도 큰일을 할 수 있게 해준 원동력은 독서였다. 감옥에 있으면서 줄곧 독서에 올인한 김대중 대통령을 비롯하여, 병상에 있는 2년 6개월 동안 3천 권을 읽어 인생을 성공시킨 이랜드 그룹의 박성수 회장 등 이들 모두는 삶에서의 위기라는 어려운 여건에서 독서를 통해 인생을 바꾸어놓았던 것이다.

내가 생각하기론 무조건 꿈을 꾸고 열심히만 산다고 해서 그 꿈을 실현하거나 이룰 수는 없다는 사실이다. 대부분의 사람은 꿈을 꾸고 열심히 살아간다. 하지만 그들이 모두 성공하고 꿈을 성취하지는 못한다. 중요한 것은 얼마나 많은 책을 읽었느냐가 아니라, 어떻게 책을 읽었느냐이다. 즉 올바른 독서법으로 책을 읽었느냐가 핵심이라는 것이다.

독서법도 하나의 기술이다. 기술을 익힌 사람과 기술을 익히지 않는 사람의 독서법은 확연히 다르며, 결과도 다르다. 기술을 익히지 않고 하는 독서는 마치 '밑 빠진 독에 물 붓기'식의 독서로 전락할 우려가 있다. 책을 얼마나 많이 읽을 것인가가 중요한 것이 아니고 책을 읽더라도 독서법을 배우고 익혀 자기 것으로 소화하는 것이 중요한 것이다. 이것은 독서를 통해 자신의 의식이 향상되고, 생각이 얼마나 깊어졌느냐가 더욱 중요한 것이다. 그래서 독서의 기술을 익히는 것은 강력한 무기를 얻는 것과 같은 것이다.

책은 읽는 목적이 자신의 변화를 이루는 것이어야 한다. 이러한 목적이 없이 단순히 읽기만 한다면 인생의 변화를 기대할 수 없을 것이다. 책을 아무리 많이 읽어도 인생에 아무런 변화가 없다면 그것은 시간낭비일 뿐이요, 백해무익한 일이다.

나의 경우를 살펴보면, 무조건 많이만 읽는다고 변하는 것은 아니었다. 내가 어려서부터 지금까지 읽은 책의 숫자를 헤아려보면 아마도 수백 권은 되지 않을까 생각한다. 하지만 그렇게 많이 읽었지만 내 인생에 변화는 별로 없었던 것으로 기억된다.

이제부터라도 책 읽기 최고의 단계인 창조적 책 읽기를 통해 인생의 변화를 모색해야 하지 않을까? 그래서 나도 책 쓰기를 하면서 책을 읽는 창조적 책 읽기 단계를 실천하고 있는 것이 아닌가?

그러면 과연 책을 얼마나 읽어야 인생의 변화를 줄 수 있을까?

1년에 50권, 100권, 300권을 얘기하는 사람도 있다. 혹자는 하루에 한 권을 권하는 사람도 있다 그러면 1년이면 무려 365권이나 된다. 그럼 과연 책을 많이만 읽으면 모두 변화를 경험할 수 있을까? 그것은 아닐 것이다. 왜냐하면 앞에서도 얘기한 대로 나는 평생 동안 수백 권을 읽었어도 변화를 경험하지 못했기 때문이다. 어떤 사람은 단 한 권의 책에서 인생의 변화를 이루기도 한다. 물론 단 한 권만 읽지는 않았을 것이다. 수많은 책을 읽는 과정에서 인생의 변화를 가져온 보물 같은 책 한 권을 만난 것이다. 사람의 인생을 변화시킬 수 있는 책은 단 한 권일 수도 있지만, 여러 권인 경우도 많다. 결국에는 책의 양만으로 인생의 변화를 준다고 말할 수는 없을 것이다. 하지만 '양에서 질이 나온다.'라는 말이 있듯이 독서에서도 독서량의 증가가 좋은 책을 만날 수 있는 기회를 높일 수 있다는 것은 옳은 말일 것이다.

어떤 사람은 책 100권을 읽으면서 변화를 보았다고 한다. 또 어떤 이는 책을 3년간 읽고 나서야 변화를 이루었다고 한다. 하지만 나는 불과 2~3

개월 만에 책을 20~30권 읽고 나서 변화를 이루었다. 그러니 여러분도 나처럼 많은 책을 읽지 않더라도 변화를 맞이할 수 있다는 사실을 알게 될 것이다. 이렇게 빨리 내가 독서를 통해 변화를 이룰 수 있었던 것은 '책 쓰기'라는 것을 하면서이다. 나처럼 보잘것없는 평범한 사람도 책 쓰기를 통해 인생 역전에 도전하고 있는 것이다.

그러니 여러분도 나처럼 다른 것은 다 제쳐놓고라도 책 쓰기에 도전해 볼 것을 적극 권장한다. 이러한 책 쓰기를 통한 책 읽기는 소위 말하는 '1만 시간의 법칙'이나, '1만 권을 읽어야 삶이 바뀐다.'라는 명제에 너무 현혹될 필요는 없다고 생각한다. '끝에서부터 시작하라.'라는 말도 있듯이, 당신도 성공한 것처럼 생각하고 행동하라. 그리하면 그 많은 책을 읽지 않더라도 인생의 변화를 맞이할 수 있을 것이다.

03

책을 어떻게 읽어야 잘 읽는 것일까?

책을 잘 읽는다는 것은 무슨 의미일까?

아무래도 이것은 어떤 면에서 지극히 주관적이지만, 그래도 객관적인 관점에서 책을 잘 읽는 방법을 찾아봐야 할 것 같다. 책을 잘 읽는다는 것은 책을 읽고 나서 깨달음을 얻었다거나, 책에 나온 방법을 실행함으로써 변화가 있었다면 이거야말로 책을 잘 읽은 것이 아닐까?

'책을 어떻게 읽어야 잘 읽는 것일까?'에 대한 다른 저자들의 사례를 살펴보겠다.

이성렬 저자의 『독서 고수들의 독서법을 훔쳐라』에 나오는 '5단계 독서법'을 소개해본다.

첫째는 목적을 갖고 책을 읽어야 한다는 것이다. 인생에 있어서 목적이 중요하다. 미국 스탠퍼드대학교 윌리엄 데이먼 교수는 『무엇을 위해 살 것인가』에서 "인생에서 가장 중요한 것은 인생의 목적을 발견하는 것"이라고 했다. 독서에 있어서도 목적은 중요하다. 목적 없이 그냥 읽기만 해서는 독서에서 얻는 것이 없다. 이는 배가 항해할 때 행선지 없이 바다를 떠다니는 것과 같은 것이다. 이러한 목적 없는 독서는 의미가 없으며, 시간 낭비에 불과하다. 사람마다 인생의 목적이 다르듯, 독서에서도 사람마다 목적이 다르다. 하지만 분명한 것은 이러한 목적 독서는 '내가 이 책에서 무엇을 얻을 것인가?' 또는 '내가 왜 이 책을 읽어야 하는가?'에 대한 답을 얻을 수 있다는 것이다.

이러한 목적 독서를 하는 사례를 들어보자. 박웅현 작가의 책 읽는 목적은 '울림'을 주는 문장을 발견하는 데 있다고 한다. 울림이란 좋은 문장을 읽고 전율을 느끼는 것이다. 또한 전율은 읽은 문장이 도끼가 돼 머릿속에 선명한 흔적을 남길 때 일어난다. 이렇게 읽어야 진정한 독서라고 한다. 박경철 고수와 안철수 고수는 목적 독서를 한다. 이는 한 분야의 전문가 수준에 이르고자 할 때 그 분야의 전문 지식을 습득하는 목적을 갖고 집중적으로 독서하는 것을 말한다. 박경철 박사는 투자 이론을 습득하고자 미국에서 원서 50여 권을 주문해 독파했다. 그 결과 한국 최고의 주식 투자 전문가가 되었다. 최재천 박사도 낯선 분야의 지식을 습득하려고 목적 독서를 하였다. 이른바 '기획 독서'다. 잘 모르는 분야의 책을 읽을 때는 같은 주제의 책을 여러 권 독파하는 것도 방법이다.

두 번째 방법은 질문하면서 하는 독서를 말한다. 질문은 내가 궁금한 사항을 의문을 가지고 하는 것이다. 이러한 질문이 왜 중요할까? 만일 질문이 없다면 답도 없다.

질문이 있어야 답을 찾게 되는 것이다. 좋은 답을 얻고자 한다면 좋은 질문을 해야 하는 것이다. 질문을 하면서 독서하는 것은 책에서 무엇을 얻을 것인가의 목적을 정확히 확인하는 작업이 된다. 질문을 하면서 책을 읽다 보면 답을 찾아갈 수 있기 때문이다. 책을 읽으면서 부단히 질문해야 한다. 이러한 질문은 생각하는 힘을 길러주고 사고력을 높여준다. 생각하는 독서가 질문하는 독서인 것이다. 책에서 우리가 원하는 답을 얻고 싶다면 반드시 책을 읽기 전에 질문을 하면서 읽어보자.

세 번째 방법은 사색하는 독서다. 사색은 창조주가 인간에게만 준 최고로 특별한 선물이다. 프랑스의 천재 수학자 블레즈 파스칼이 말한 대로 "인간의 위대함은 생각하는 힘"인 것이다.

데카르트는 『방법서설』에서 "나는 생각한다. 고로 존재한다."라고 말했다. 이는 사색의 중요성을 말한 대표적 문장이다. 독서에서 있어서 사색은 반드시 필요한 과정이다.

생각하지 않는 독서는 마구잡이 정보만 머릿속에 집어넣는 꼴이다. 이렇게 되면 머릿속은 잡동사니로 가득 쌓인 창고처럼 되어 필요할 때 꺼내 쓸 수 없게 된다. 그래서 이런 독서는 지양해야 한다.

네 번째 방법은 메모하는 독서이다. '적자생존'이란 말을 들어보았을 것이다. 우스갯소리이긴 하지만 '적는 자만이 살아남는다.'라는 뜻이다. 책을 읽으면서 메모하지 않으면 기억에서 사라진다. 인간은 원래 망각의 동물이라고 한다. 그러므로 기록하지 않으면 기억에서 지워진다. 책을 읽고 사색한 것도 기록하지 않으면 없어진다. 따라서 오래 기억되는 독서를 하려면 책을 읽으면서 반드시 메모하는 습관을 지녀야 한다.

다섯 번째 방법은 실천하는 독서이다. 책의 내용을 읽고 실행을 해야 진정한 독서라고 할 수 있다. 실천하는 독서야말로 독서의 완성이며, 가장 중요한 요소이다. 실천은 변화를 동반한다. 책을 읽고 변화가 없다면 독서가 완성되었다고 할 수 없다. 책을 읽었으면 생각이 변하든, 행동이 변하든 해야 한다. 그래야 진정한 독서가 완성되었다고 할 수 있을 것이다.

이 5가지 독서법은 독서 고수들의 노하우를 벤치마킹한 것이다. 정리하자면 책을 읽을 때 제일 먼저 목적을 분명히 하고, 책을 읽으면서 질문하고, 사색하고, 메모하며, 읽은 다음에는 실천하는 것이다. 그러니까 책을 읽을 때 목적의식을 갖고 시작하여, 저자와 자기에게 묻고, 생각하고, 중요한 것은 밑줄 긋고 메모하며, 읽은 것은 행동으로 실천하는 것이다.

책을 어떻게 읽어야 잘 읽는 걸까?

책을 읽는 방법은 사람마다 다 다를 수 있다. 그러니 그 독서법이라는 것도 사람마다 다를 수 있으니 얼마나 많겠는가? 대부분의 사람은 책을 앞에서부터 읽는다. 그런데 개중에는 뒤에서부터 읽는 사람도 있다. 특히 등장인물이 많은 장편소설의 경우는 뒤에서부터 읽어도 된다는 것이다. 소설 속의 주인공이 누구인지를 먼저 파악한 후 읽으면 훨씬 잘 이해된다는 것이다. 또 어떤 사람은 책을 영화 보듯 본다고 한다. 물론 시험 문제를 풀기 위해 읽는 정독은 필요치 않을 것이다. 부담 없이 영화 보듯 쓱 보라는 것이다. 라디오에서 흘러나오는 음악을 듣는 것처럼 쓰윽 읽으면 된다는 것이다. 그래서 책을 한 번만 읽고 끝내지는 않는다. 다시 반복해서 읽는 것이다. 처음 읽었을 때 못 본 감정이나 깨달음을 반복해서 볼 때 발견할 수도 있으니 말이다. 그리고 책을 완독할 필요는 없다. 정독과 속독의 방법도 자신에 맞게 적절히 사용하면 된다.

나의 책 읽는 방법을 살펴보자. 전에는 그냥 아무 생각 없이 읽었다. 위에서 말한 독서 방법을 전혀 사용하지 않았다. 그래서 나는 책을 읽었지만, 생활에 아무런 변화가 없었다는 사실을 깨닫게 되었다. 내가 하는 책 읽기 방법의 첫 번째, 나는 철저하게 책 쓰기를 염두에 둔 책 읽기를 한다는 목적을 가지고 책을 읽는다. 이때에 사용되는 독서법이 핵심 독서법이다. 핵심 독서법은 책 쓰기에 필요한 부분을 각 꼭지 제목을 검색해서 관련 내용을 찾아서 읽는 독서법이다. 책을 선택할 때는 책 표지를 먼저 보고, 내가 읽어야 할 책인지 판단해본다.

그 다음 서문을 읽어본다. 다음은 목차를 꼼꼼히 살펴보고 판단하여 구매할지를 결정한다. 목차는 집을 지을 때 '설계도'와 같은 것이다. 따라서 목차를 살펴보고 관심 가는 영역을 먼저 읽는다. 서론과 첫 장, 마지막 장에 저자의 핵심이 담겨 있으니 많은 시간을 들여서 읽는다. 독서법에 관한 기술을 알고 싶으면 3~4장 정도를 보면 된다. 굳이 책 한 권을 다 읽을 필요가 없다.

두 번째로는 자투리 시간을 이용하여 가방에 책 두 권을 가지고 다닌다. 책 두 권을 번갈아 읽으면 집중력이 올라가고 신선하다. 분위기를 바꿔가면서 읽을 수 있다. 자투리 시간을 이용해서 책을 읽는다. 세 번째로는 관심 분야 내지는 업무 분야의 책을 최소한 열 권 이상 수직적으로 읽는다. 전문 지식에 대한 깊이 있는 독서로 수직 독서를 하는 것이다. 점 같은 시간을 활용하자. 이동하는 시간, 기다리는 시간 등을 이용해서 읽자. 네 번째로는 질문을 던지면서 읽는다. 질문은 서문을 보면서 만든다. 다섯 번째는 온라인 책 서평란을 활용하여 내 의견을 남기며 필력을 높인다. 그렇게 하면 정리하는 힘을 높일 수 있다. 핵심을 잠재의식에 각인하는 능력 배양, 자신의 생각을 정확하게 정리할 수 있다. 독서와 책 쓰기는 자기를 바꾸는 혁명인 만큼 열과 성의를 다해서 해야 한다. 독서와 책 쓰기는 함께해야 하는 짝꿍인 것이다.

여러분도 이제부터는 단순히 책을 읽기만 하지 말고 책 쓰기를 위한 목적으로 독서를 해보길 바란다. 그래야만 독서를 하면서 진정으로 변화하는 자신을 발견할 수 있을 것이다.

04

책을 혼자 읽지만 말고
다른 사람과 공유하라

책은 원래 혼자 읽는 것이다. 그런데 책을 혼자 읽지 말고 공유하라는 의미는 어떤 뜻일까?

책을 다른 사람과 공유하면 어떤 점이 좋을까? 분명히 책을 혼자 읽는 것보다는 다른 사람과 공유할 때 독서의 효과가 높아지기 때문은 아닐까?

그러면 책을 혼자만 읽지 말고 다른 사람과 공유하는 방법에 대해 생각해보자.

첫 번째, 독서 모임에 참여한다. 현재 나는 몇 개의 독서 모임에 참여하고 있다. 독서 모임은 사람과 사람을 책으로 연결시켜준다. 독서 모임은 사람들과의 소통으로 즐거움과 지식을 얻을 수 있다. 지금의 코로나19 영향으로 오프라인에서의 만남이 어려워짐에 따라 온라인 SNS 시장에는 독서 모임이 우후죽순처럼 생겨나고 있다. 나도 젊었을 때 독서 모임에 참여해본 경험이 있지만, 온택트 시대에 온라인 줌으로 만나는 독서 모임은 또 다른 세상을 알려주고 있다. 같은 책을 선정해서 매일 몇 페이지의 분량을 읽고, 블로그에 글을 올림으로서 매일매일 책을 읽을 수 있는 환경을 만들어준다. 심리적으로 어느 정도의 강제성이 있고, 독서 모임의 회원들 간의 선의의 경쟁을 통해 서로 성장하는 계기가 된다. 예전에는 혼자서 책을 읽다 보니, 나의 주관적인 관심사와 관련된 책만 읽으며 편식을 하게 되었다. 그런데 독서 모임에서는 회원들 간의 의견을 듣고 선정된 책을 기본으로 하여 책을 읽고 생각과 깨달음을 공유할 수 있는 계기가 되었다.

독서 모임의 장점에 대해 살펴보면 첫째로는 다양한 책을 접할 수 있다는 것이다. 그리고 보다 넓은 시야를 가짐으로써 풍부한 간접 경험을 할 수 있는 것이다. 둘째는 이러한 독서 모임은 다양한 관점에서 책을 이해할 수 있는 폭을 넓혀준다. 독서 모임의 사람 수만큼이나 다양한 시각과 경험을 가지고 바라볼 수 있다는 것이다. 한 권의 책을 여러 가지 관점에서 읽을 수 있다는 것이다. 셋째로는 독서 모임에 참여하면서 행복한 삶을 느낀다는 것이다. 독서 모임을 통해 서로 이야기할 수 있는 친구를 사귈 수 있고, 소속감과 인정, 서로 교류함으로써 친근감을 느끼는 것이 중요하다는 얘기이다. 넷째로는 독서에 관한 습관을 만들 수 있다는 것이다. 독서 모임을 통해 매일매일의 독서량을 채움으로써 회원들과 함께 성장하는 자신을 발견하게 된다. 독서 모임은 책을 통해 새로운 변화를 모색하는 자신을 느끼게 되고 더욱더 책을 읽는 습관이 자연스럽게 생기는 것이다.

두 번째, 책을 읽고 나서 블로그에 올린다. 책을 읽고 나서 블로그에 올리면 다른 사람들과 소통할 수 있는 창구가 된다. 댓글을 통해 다른 사람들의 반응도 확인할 수 있다. 블로그에 글을 올리면 블로그를 방문하는 사람들로부터 피드백을 받을 수 있다. 따라서 혼자 읽고 마는 것보다 책을 읽고 블로그에 올리면 신선한 자극을 받을 수 있다. 내가 살아 있음을 실감할 수 있는 것이다. 또한 페이스북에 올리는 것도 좋은 방법이다. 나는 실제로 페이스북을 자주 이용하지는 않지만, 시간이 된다면 페이스북뿐만 아니라, 인스타그램, 그리고 카페에도 올리면 금상첨화가 아닐까 한다.

세 번째, 독서 토론을 한다. 직장 동료와 함께하면 직장 업무에도 시너

지효과를 낼 수 있다. 직장 동료가 아니라면 전국의 독서 모임 회원들끼리 토론을 해보는 것도 좋을 것이다.

직장 동료들과는 매일 만나는 사이이니, 아침 일찍이나 점심시간, 아니면 퇴근 후에 잠깐씩 시간을 맞추어 같은 책을 읽은 소감을 가볍게 나누는 것도 좋은 방법일 것이다. 직장 동료가 어렵다면 과감히 독서 모임에 참여하여 전국적으로 모인 회원들의 모임을 통한 토론을 하면 많은 이점을 얻을 수 있을 것이다.

네 번째, 북 리뷰나 서평을 작성해서 올린다. 리뷰는 자신도 이 상품을 써본 경험자로 자신의 개인적인 경험을 토대로 공공의 이익을 위해 그 상품에 대한 객관적인 글을 쓰는 것이 리뷰라고 하겠다. 하지만 나는 아직까지는 북 리뷰나 서평을 올리지는 않았다. 하지만 나는 책을 읽으면서 북 리뷰와 서평을 꼭 작성해서 올릴 예정이다. 왜냐하면 이렇게 하게 되면, 나의 글쓰기 능력도 배가 될 것이고, 책을 읽고 나서 세상과 소통하는 중요한 창구가 될 수 있기 때문이기도 하다. 특히나 북 리뷰는 내가 책을 읽고 생각을 정리하며 쓰는 것이라, 독자를 위해 쓰는 글이기보다는 나의 내면의 발전에 도움이 되는 글을 쓴다. 하지만 북 리뷰나 블로그로 수익 구조를 생각한다면, 이런 개인적 발전과 대중성 사이에서 균형을 맞춰 쓰는 게 중요하다는 생각을 해본다. 지식은 묻어두면 낡고 녹슬지만 나누면 나눌수록 새로워지고 커진다는 것을 깨달아야 한다.

다섯 번째, 읽고 나서 여러 사람에게 말해본다. 책을 읽고 나서 되도록 이면, 다른 사람에게 말하는 것이 좋다. 다른 사람에게 말하려면 내가 책의 핵심을 파악하고 있어야 한다. 또한 상대방의 질문에 답을 하면서 나 스스로도 내용을 정리하는 시간을 가질 수 있다. 사실 나는 다른 사람에게 말하는 것이 익숙하지 않다. 그래서 책을 읽고 나서 정리한 메모지나 시트지를 보면서 살을 붙여서 이야기를 한다. 이렇게 하면 훨씬 부담감도 적고 나의 의견을 잘 전달할 수 있다. 또한 다른 사람과 이야기를 하다 보면, 상대방의 생각과 의견을 들을 수 있고, 나와 다른 의견을 청취함으로써 상대를 이해할 수 있는 기회가 되기도 한다.

그런 면에서 독서를 통해 인간관계와 소통 능력도 향상시킬 수 있는 것이다. 이렇게 감동한 내용이나 재미있는 부분, 또는 핵심적인 내용을 다른 사람에게 말하는 과정을 통해서 정리 기술, 표현력 향상도 느낄 수 있을 것이다.

책을 공유하기 위해서는 사전 작업이 필요하다. 첫 번째로 면지에 책을 읽기 시작한 날짜와 평가 날짜를 기입한다. 두 번째로 형광펜으로 중요한 부분을 표시하여 내용, 표현, 통찰력까지 내 것으로 만든다. 여기서 중요한 부분은 ① '아하! 하고 깨달은 부분, ② 훌륭한 표현이라고 생각되는 부분, ③ 지금껏 본 적이 없는 통찰력이나 지혜가 묻어나는 부분이다. 훌륭한 책은 모서리가 접힌 페이지가 3분의 1이 되기도 한다. 깨달음, 감동, 지혜 등을 거의 모든 페이지에 담아낸 저자에게 경탄한다. 읽은 책을 엄선하고, 읽을 때에는 미련 없이 밑줄을 긋고 모서리를 접자.

책을 혼자 읽지 말고 다른 사람과 공유해야 하는 이유는 무엇일까?

나는 올 4월부터 독서 모임에 참여하고 있다. 독서 모임에는 리더의 역할이 참 중요하는 것을 새삼 느낀다. 왜냐하면 독서 모임의 리더는 독서 모임을 전체적으로 이끌어나가며, 회의 시간과 진행 순서 그리고 적절한 반응까지 해야 하기 때문이다. 내가 참여하는 독서 모임은 인원이 20명 내외로 처음에 인사하면서 지난 주간에 자신에게 있었던 일과 책을 읽은 상황을 자유자재로 이야기한다.

처음에는 낯설고 어떤 말을 해야 할지 몰랐지만, 매주 반복하다 보니 익숙해졌다. 그리고 메인으로는 한 사람을 정해서 읽기로 한 책의 리뷰를 하는 시간을 40~50분 정도 한다. 저자를 초청해서 특강을 듣는 시간도 격주로 갖는다. 그리고 마지막으로는 소모임 그룹 미팅을 함으로써 서로 격의 없이 이야기할 수 있는 시간과 공간을 마련해준다. 이 소모임 미팅을 통해 독서 모임 회원의 개인적인 근황이라든지 개별적인 사항을 알 수 있어서 서로가 친근해질 수 있는 계기가 된다. 나는 현재 '생따나비 독서 모임'이라는 곳에 처음으로 참여를 시작했고, 지금도 계속하고 있다. 각계 각층의 사람들과 나이에 상관없이 독서에 뜻을 둔 사람이라면 누구든지 참여할 수 있다. 특히 우리의 독서 모임은 다른 모임과 다른 특이점이 있다. 그것은 읽고 끝나는 독서 모임을 넘어, 매번 실천을 전제로 한 챌린지를 한다는 것이다. 이러한 챌린지는 많은 시간이 소요되는 단점이 있지만, 그래도 그러한 챌린지를 통해 나를 발전하고 변화하는 기회로 삼는다. 이것을 통해 유튜브도 조금씩 다시 시작하고 있다. 지금은 책 쓰기에 몰입하느라 잠시 쉬고 있지만, 책이 완결되면 독서 모임으로 다시 돌아가 함께할 것이다.

독서 모임이 좋은 또 다른 이유는 함께하면 그 기쁨도 두 배가 된다는 것이다.

독서는 혼자 할 수도 있지만, 함께함으로써 동기 부여를 받을 수 있다. 그리고 서로가 격려함으로서 시너지 효과를 낼 수 있다는 것이다. 혼자 책을 읽는 것이 흑백영화를 보는 것이라면, 함께 독서 모임을 통해 읽는 것은 컬러영화를 보는 것이라고나 할까? 여러 사람들의 인원 수 만큼이나 다른 각양각색의 의견과 생각을 들을 수 있고 볼 수가 있는 것이다. 이를 통해 인간에 대한 더 큰 이해를 하는 계기가 되기도 한다. 독서 모임에서 각자가 이야기하는 스토리를 통해 함께 기뻐하기도 하고 함께 걱정과 슬픔을 나누기도 한다. 독서 모임을 통해 각자의 사고의 확장과 생각의 다양성을 만날 수 있는 것이다.

나는 독서 모임에 참여하는 것을 넘어 내가 직접 '내 인생을 찾는 독서 모임'을 운영할 것이다. 주관하는 운영자 모임에 참여할 생각이다. 독서 모임의 참여자도 좋지만, 독서 모임을 통해 운영을 해봄으로써 진정으로 독서를 주체적으로 이끌어가면서 보다 더 발전하고 변화하는 나를 만들고 싶은 것이다. 사람들과의 소통과 관계 증진을 위해서도 필요하다고 생각한다. 관계를 잘 유지하려면, 먼저 상대와 다름을 인정해야 한다. 그러려면 상대방에 대해 경청하는 자세를 가지고 상대를 배려하는 자세가 필요하다. 그리고 서로 공감하는 능력도 필요하다. 책을 통해 만남으로써 자신의 한계를 넘을 수 있는 소중한 기회를 제공하는 것이다.

"빨리 가려면 혼자 가고, 멀리 가려면 함께 가라."라는 말도 있듯이 함께 멀리 가는 것이 더 중요하다. 우리 모두 독서 모임을 통해 함께 가면 어떨까?

05

책을 쓰기 위한 목적으로 독서를 하라

책을 쓰기 위한 목적으로 독서를 한다는 것은 어떤 의미일까?

앞에서 책을 어떻게 읽으면 좋은가에 대한 내용을 정리하면서 목적을 가지고 읽으라고 한 것이 첫 번째였다. 그러니 책을 쓰기 위한 목적으로 독서를 하는 것은 어떻게 책을 읽을 것인가의 대답이 될 수 있을 것이다. 하지만 책을 쓰기 위한 독서는 무언가 다른 독서법보다도 더 심혈을 기울여야 할 것 같다. 책 쓰기를 한다는 것은 일생일대의 사건이기 때문이다. 책 쓰기를 아무나 하나? 예전에는 언감생심 꿈도 꾸기 어려웠다. 왜냐하면 작가는 타고나는 것이라고 생각했기 때문이다. 그런데 지금은 어떤가? 누구나가 작가가 될 수 있다고 한다. 그리고 실제로 대학생, 주부, 직장인이나 백수 할 것 없이 평범한 많은 사람들이 작가가 된다. 나처럼 내세울 것 없는 사람도 책을 쓰고 있으니 말이다.

책을 쓰기 위한 독서를 말하기 전에 책 쓰기를 왜 해야 하는지에 대해서 먼저 살펴보려 한다.

첫 번째, 퍼스널브랜딩에 책 쓰기만 한 것이 없다. 책을 쓰면 좋은 여러 가지를 사례를 들어보자. 『마흔, 당신의 책을 써라』의 저자 김태광 님의 글을 본다.

"개인이든 기업이든 나라든 강한 자만이 살아남는다. 쉽게 말해 일등이 모든 것을 독식하는 세상이 된 것이다. 이등, 삼등 해선 부스러기조차 제대로 줍지 못한다. 그래서 저마다 강해지기 위해 애쓰고, 퍼스널브랜딩하기 위해 안간힘을 쓰고 있다. 그렇다면 퍼스널브랜딩은 무엇을 뜻하는 것일까? 대표적인 인물로 스티브 잡스, 오프라 윈프리, 김연아, 안철수 등을 꼽을 수 있다. 이들의 이름만 들으면 강하게 인식된 그 사람만의 고유한 이미지가 떠오르게 된다. 그리하여 그 이름 자체가 하나의 경쟁력이 된다."

김태광 님은 퍼스널브랜딩의 중요성을 강조하였다. 퍼스널브랜딩이란 자신만의 고유한 이미지를 각인시키는 것을 뜻한다. 강한 자만이 살아남는 세상에서 이름 자체가 하나의 경쟁력이 되는 것이다.

지금 개인들은 퍼스널브랜딩 하는 시대에 살고 있다. 상품에만 브랜드가 있는 것이 아니다. '나'라는 개인에게도 브랜드 가치를 부여해서 나를 상품처럼 취급하여 알리고 판매할 수 있어야 한다. 그런데 많은 사람들이 퍼스널브랜딩을 시도하다가 중도에 포기하는 경우가 많다. 그 이유는 무작정 노력하기 때문이다. 자신의 전문 분야를 파악해서 전문가의 위치를 확보해야 한다. 그리고 자신의 이미지와 맞은 영역으로 확장해야 한다. 사람은 저마다 한 가지 이상의 전문 분야가 있다. 자신이 가지고 있는 전문 분야를 활용해서 퍼스널브랜딩을 하면 된다.

평범한 나 같은 개인이 퍼스널브랜딩을 하려면 어떻게 하면 좋을까? 그것은 바로 책 쓰기를 통해서이다. 책을 통해 세상에 '나'를 알리는 것이다. 별다른 자본 없이 나의 노력과 도전 정신, 열정 같은 것만 가지고도 가능한 일이 책 쓰기가 아닌가?

책 쓰기를 하라고 하면 지레짐작 손사래를 치는 사람도 있다. 내가 어떻게 책을 써? 하지만 작가는 처음부터 타고나는 것이 아니라고 한다. 지금 글쓰기에 자신이 없는 사람도 얼마든지 책을 쓸 수 있다고 한다. 글쓰기 능력은 책을 읽고 글을 쓰면 무조건 늘게 된다. 이는 마치 아령을 들면 들수록 팔의 근육이 늘어나는 것처럼 말이다.

세상에는 그 누구도 태어날 때부터 작가였던 사람은 아무도 없다. 평소에 메모하는 습관을 들이고 일상의 이야기를 글로 쓰는 연습을 하면 된다. 소위 말하는 삼다(三多)를 습관화하는 것이다. 여기서 삼다(三多)는 많이 읽고, 많이 쓰고, 많이 생각하라는 의미이다. 이것이 작가가 되는 최고의 성공 법칙인 것이다.

두 번째, 평범한 사람일수록 책을 써야 한다. 평범하다는 것은 회사에서나 어디에서나 다른 사람으로 대체될 수 있다는 것이다. 자신의 경쟁력을 갖추지 못한 것이다. 따라서 평범한 개인이 남과 다른 경쟁력을 갖추려면 책 쓰기만 한 것이 없다. 적어도 책을 쓰게 되면 그 분야에 대해 전문가로 인정받을 수 있기 때문이다. 또한 책을 쓰는 과정을 통해 많은 지식과 경험, 노하우를 습득할 수 있다. 그래서 책 쓰기를 하면 평범한 사람이 비범한 사람으로 거듭날 수 있다는 것이다. 평범하다고 스스로 한계를 짓지 마라. 성공은 스스로의 한계를 넘어섰을 때 비로소 보이는 것이다. '정말로 나 같은 사람도 책을 쓸 수 있을까?' 망설이지 마라. 육십년 인생 전체를 실패로 점철된 저자인 나도 책을 쓰고 있지 않은가? 책을 쓰고 인생 역전의 주인공이 되어라. 여러분은 분명히 책을 쓰고 인생의 변화를 이루는 주인공이 될 것이라는 것을 의심치 마라.

세 번째, 책 쓰기야말로 진짜 공부다. 책을 쓰려면 그 분야의 전문 지식이 있어야 한다. 그러려면 관련 경쟁 도서를 읽는 것은 필수이다. 자기가 쓰고자 하는 콘셉트나 주제에 관한 경쟁 도서를 적어도 100권 정도는 읽어야 한다고 한다. 그래야 그 책들을 뛰어넘는 책을 쓸 수 있기 때문이다. 아는 만큼 보인다는 말이 있듯이 경쟁 도서를 잘 아는 만큼 더 잘 쓸 수 있다. 나 또한 이 책을 쓰면서 경쟁 도서 100여 권을 읽고 있다.

네 번째, 성공하려면 무조건 책을 써야 한다. "성공해서 책을 쓰는 것이 아니라 책을 써야 성공한다."라는 말처럼 성공하려면 책을 써라. 우리 모두는 평범한 사람들이다. 이러한 평범한 사람들이 성공하기 위해선 자신의 이름을 세상에 알리는 길뿐이다. 세상이 나를 찾게 만들어야 성공하기도 쉬운 것이다.

책을 출간하여 자신의 이름을 브랜딩한 사람들이 많다. 그들 가운데 이름만 들어도 알 수 있는 사람들이 태반이다. 『아프니까 청춘이다』의 저자 김난도, 『김미경의 아트스피치』의 저자 김미경, 『가슴 뛰는 삶』의 저자 강헌구, 『꿈꾸는 다락방』의 저자 이지성, 『남자의 물건』의 저자 김정운, 『유머가 이긴다』의 저자 신상훈, 『연탄길』의 저자 이철환 등을 들 수 있다.

사람들은 저마다의 꿈을 안고 성공을 바라고 있다. 그런데도 성공은 하늘의 별 따기만큼이나 어렵다. 성공은 자신의 꿈과 노력도 중요하지만, 운과 기회라는 요소도 무시할 수 없다. 우리같이 평범한 사람은 나를 알아줄 때까지 기다리는 것이 아니라 나를 알리고 외쳐야 한다.

그래야 비로소 남들이 나를 알아주고 인정해주는 것이다. 그러니 나를 알리고 외치는 방법 중에서 가장 효과적인 것이 책 쓰기 아니겠는가?

다섯 번째, 책 한 권이 든든한 나의 은퇴 자산이 된다. 우리나라는 서유럽 선진 국가들처럼 사회보장제도가 완비되어 있지 않다. 그러다 보니 은퇴 후의 미래는 자신이 스스로 준비하지 않으면 안 된다. "준비 없는 은퇴는 재앙이다."라는 말이 있듯이 은퇴 이후의 삶은 누구도 자신할 수 없다. 더군다나 의료기술의 발달로 평균수명이 80세를 넘은 지 오래되었다. 이제는 100세 시대가 코앞인 것이다. 은퇴 나이인 60세를 기준으로 하더라도 은퇴 후 40년을 살아가야 한다. 이렇게 가장 든든한 은퇴 자산이 책 쓰기인 것이다. 지금 젊은 나이에 직장에 있을 때 책 한 권 쓰기에 도전하라. 책 한 권이 당신의 든든한 은퇴 자산으로 길이 남아 효자 노릇을 할 것이다.

그러면 책 쓰기를 위한 독서는 어떻게 하는 것일까?

책 쓰기를 위한 독서는 읽는 방식부터 다르다. 왜냐하면 아웃풋을 얻기 위한 목적으로 책을 읽는 것이기 때문에 굳이 처음부터 읽을 필요가 없다. 그래서 여기에 핵심 독서법이 필요한 것이다. 핵심 독서법이 무엇인지 말해보겠다. 바로 핵심만 골라 읽는 독서법이다.

첫 번째, 좋아하는 장르부터 읽어라. 목차를 보면서 관심 가는 꼭지를 골라서 그곳부터 읽어라.

두 번째, 가방에는 책 두 권 정도를 가지고 다니고, 틈틈이 자투리 시간을 이용해 읽어라.

세 번째, 수평 독서와 수직 독서를 하라. 특히 책을 쓰기 위한 목적으로 책을 읽는 경우라면 같은 분야의 책을 여러 권 읽는 수직 독서를 하라.

네 번째, 책을 읽을 때는 질문을 던지면서 생생하게 그림을 그리면서 읽어라.

다섯 번째, 온라인 서점 책 소개란을 활용하면 핵심을 요약하며 책을 읽을 수 있다.

나는 책 쓰기를 하면서 독서법과 관련한 책 100여 권 정도를 경쟁 도서로 사서 읽었다. 이때 활용한 것이 핵심 독서법인 것이다. 책을 쓰기 위한 제목 내지는 꼭지 주제와 관련된 내용을 경쟁 도서에서 찾아서 읽고, 밑줄 치고, 메모하며, 나의 생각을 써놓았다. 그런 것들이 책 쓰기의 사례가 되었고, 나의 생각을 정리하는 책 쓰기 재료가 되었다. 양에서 질이 나온다는 말이 있다.

책도 관련된 내용의 책을 많이 읽으면 책 쓰기 소재가 다양할 수가 있어서 좋다. 이제는 책을 읽을 때 아무런 생각 없이 책을 읽는 것이 아니라, 철저히 책 쓰기를 위한 목적으로 책을 읽고 있는 것이다. 그러다 보니 책의 핵심 내용을 빠짐없이 볼 수 있고, 저자가 말하고자 하는 내용을 더욱더 잘 파악할 수 있게 되었으며, 그것을 통해 깨달음을 얻었고, 실제로 실행해보면서 나의 삶의 변화를 가져올 수 있었다. 여러분도 이제는 단순히 책을 읽는 것을 넘어 책 쓰기를 염두에 둔 핵심 독서법으로 당신의 꿈을 펼쳐보는 것은 어떨까?

06

읽고, 보고, 깨닫고, 적용하라

책을 읽고 그대로 덮어서는 안 된다. 이제 취미생활로서의 독서를 넘어서야 한다. 시간은 황금보다도 더 귀하다. 이 귀한 시간을 함부로 낭비하면 안 되는 것이다. 시간을 효율적으로 잘 활용해서 책을 읽고, 보고, 책을 통해 깨달음을 얻어야 한다. 그리고 책에서 말한 방법들을 나의 삶에 적용해보는 거다. 그래야만 책을 통해 얻는 것이 있고 나의 삶에 변화를 가져올 수 있는 것이다.

책은 우리 삶을 변화시키는 커다란 동력을 갖고 있다고 한다. 그럼에도 불구하고 책을 읽지 않는 사람들이 있다. 그것은 '책을 읽는다고 나의 삶이 변할까?' 하는 의문을 갖고 있기 때문이다. 또 다른 이유는 책이 우리 삶을 변화시켜줄 것이라고 생각하지만, 정작 시간이 없어서라는 핑계를 대면서 책을 실제로 읽지 못하는 경우이다.

나는 4월부터 독서 모임에 참여했다. 이전의 독서 모임과 다르게 코로나19로 인한 온택트 시대에 맞게 온라인 줌으로 전국의 누구나가 참여할 수 있었다. 그야말로 전국구였다. 대구, 광주, 순천 할 것 없이 독서에서 내로라하는 사람은 다 참여하는 것 같았다. 이때에 독서 모임 리더가 독서를 하고 '본, 깨, 적' 시트를 만들어주면서 작성하라고 했다. 처음에는 무슨 뜻인지도 모르고 시키는 대로 했다. 그동안 독서 모임에서와는 다르게 책을 읽고 정리할 수 있는 시트를 준 것이다. 이것이 나에게는 신선한 충격이었다. '본, 깨, 적'이란 본 것, 깨달은 것, 적용할 것이라는 말이다. 『본깨적』이라는 책을 보지는 않았지만, 단번에 어떻게 하는지 알 수 있었다. 그리고 책을 읽고 블로그에 1일 1포스팅을 하면서 '본깨적'을 시행했다. 놀랍게도 책을 읽으면서 나름대로 정리가 되었고, 다시 생각하면서 깨달음을 얻을 수 있었고, 생활에 적용할 것을 찾으면서 실질적인 독서를 할 수 있었다.

'본깨적'의 의미를 제대로 살펴보겠다. 본 것은 저자의 관점에서 핵심 내용을 보고, 깨달은 것은 나의 언어로 확대 재생산하여 깨닫고, 적용할 것은 책 읽기를 통해 내 삶에 적용하는 것이다. 그동안 책을 읽으면서도 나에게 아무런 변화가 없었던 것은 책을 제대로 읽지 않았거나, 읽었다고 하더라도 읽는 것으로만 끝냈기 때문이 아닌가 생각한다.

이제부터라도 적극적인 삶의 변화를 원한다면, 책 읽는 방법을 바꿀 필요가 있다.

『본깨적』의 저자 박상배 님은 '본깨적' 책 읽기를 살아 있는 책 읽기라고 표현하였다. 나도 '본깨적' 책 읽기를 하면서 그동안 경험해보지 못했던 독서의 희열과 생각하는 사고력, 그리고 적용하는 실행 방법을 익힐 수 있었다. 그동안의 책을 읽고 아무런 소득이나 변화가 없었지만, 지금의 '본깨적' 독서법을 통해 내 삶이 변화를 조금씩 느낄 수 있었다. 블로그를 통해 '본깨적' 독서법을 실천하고, 다른 사람들의 '본깨적' 독서법을 보면서 제대로 독서하고 있다는 생각을 갖게 해주었다.

'본깨적' 독서법에 대해 자세히 살펴보자.

첫째, 본 것은 저자의 관점에서 보라는 의미다. 제대로 보는 것은 생각보다 쉽지 않다. 사람들은 각자 자기가 보고 싶은 대로 보는 경향이 있기 때문이다. 하지만 책을 제대로 보려면 내가 아닌 저자의 관점에서 보려는 노력이 필요하다. 저자가 하는 내용의 핵심을 파악하고 보라는 것이다. 이러한 노력이 사고의 확장과 지식의 향상을 가져올 수 있는 것이다.

둘째, 깨달은 것은 철저하게 나의 관점에서 바라보고 깨달아야 한다. 깨달음에는 옳고 그름이 없다. 단지 남과 다른 것이 있을 뿐이다. 이러한 깨달음은 모든 삶을 변화시킬 수 있는 동력으로 작용한다. 또한 깨달음은 변화의 시작이다. 생각이 바뀌면 행동이 바뀌고, 행동이 바뀌면 습관이 바뀌고, 습관이 바뀌면 인생이 바뀐다는 말이 있다. 하지만 깨달음만으로는 삶이 바뀌는 데에는 한계가 따른다. 깨달음을 얻었다손 치더라도 시간이 지나면 기억에서 사라진다.

그래서 깨달은 것을 현실로 만들어주는 것이 세 번째의 적(용)인 것이다. '적'은 구체적일수록 실현 가능성이 높다. 예를 한번 들어본다. 책을 읽고 '진정한 효도란 무엇인가?'라는 질문에 '자주 전화해서 안부를 묻는 것이다.'라고 깨달음을 얻었다고 치자. 그러면 적용을 어떻게 할 것인가? '자주 부모님께 전화를 해서 안부를 묻기로 한다.'라고 하면 막연하다. 구체적으로 '하루에 한 번씩 전화를 해서 안부를 묻는다.'라고 계획해야 실천할 수 있는 것이다.

깨달음의 주체는 '나'이지만 적용하는 주체는 범위가 넓다. 나뿐만 아니라 가족, 친구, 이웃 등 나와 함께하는 모든 사람이 주체가 될 수 있다. 좋은 변화를 다른 사람과 함께할 때 더욱 빛날 수 있는 것이다.

그러면 '본깨적'의 독서법은 과연 나의 삶을 변화시킬 수 있을까? '본깨적' 독서법으로 어떻게 나의 삶을 변화시킬 수 있는지 살펴보자.

첫 번째로는 삶을 바꾸는 책 읽기가 '본깨적' 독서법이다.

내가 경험한 '본깨적' 독서법은 획기적인 독서법이었다. 그동안 독서 모임에도 참여해보았지만 이러한 독서법은 처음이었다. 그동안은 책을 읽고 메모하고 생각하고 하면서 책을 읽었지만, 나의 삶의 변화는 전혀 없었다. 어쩌면 대다수의 사람이 그동안 그렇게 독서를 해왔을 것이고, 나와 비슷한 경험을 많이 했을 것이다. 하지만 이 독서법은 기존의 독서와는 확연히 달랐다. 시트지에다 본 것, 깨달은 것, 적용할 것을 미리 생각하면서 책을 읽는다는 점이 분명히 특이했다. 이러한 '본깨적' 독서법을 통해 나의 독서에도 커다란 변화가 일기 시작했다. 막연하게만 책을 읽던 버릇에서 벗어나 '본깨적'으로 저자의 관점을 이해하고, 나의 입장에서 깨달으며, 우리 모두에게 적용할 수 있는 방법을 찾음으로써 내 삶에 실질적인 변화를 불러온 것이다.

두 번째로는 필요한 부분만 골라서 읽어도 충분하다는 것이다. 책을 읽고 삶을 변화시키고자 한다면 우선 처음부터 끝까지 다 읽어야 한다는 고정 관념을 버리자. 목차를 먼저 보고, 흥미 있는 부분이나, 내가 관심 가는 부분부터 읽어보자. 책 읽는 방법은 다양하다. 책을 읽는 목적이나 책 읽는 사람의 수준이나 상황에 따라 얼마든지 읽는 방법을 달리할 수 있다. 오히려 목적과 상황에 맞는 방법으로 책을 읽을 때 더 효과적일 수가 있다. 책 읽기의 고수 이어령 교수도 필요한 부분만 골라 읽는다고 밝힌 바 있다. 책이나 칼럼을 쓸 때도 책이나 자료를 모두 읽지 않고 주제를 해결하기 위해 필요한 부분만 골라 읽는다고 한다.

나 또한 이제부터는 책을 처음부터 끝까지 읽지는 않는다. 목차를 보고 흥미가 가는 부분부터 읽고 필요한 부분만 골라 읽는다. 이렇게 읽으면 지루하지도 않고 읽는 속도도 높일 수 있어서 훨씬 독서하는 맛을 느낄 수 있다. 그리고 깨달은 것을 책의 여백에 메모하고 실생활에 적용할 것을 생각하고 적용한다. 그렇게 하니 내 삶이 변화되는 걸 실감할 수 있었다.

세 번째로는 '본깨적' 독서법은 도대체 몇 권을 읽어야 내 삶에 변화가 올지 생각해야 한다는 것이다.

박상배의 『본깨적』에 의하면, 민들레영토의 지승룡 소장은 2년 동안 2,000권을 읽고, 포장마차를 시작해 그 종잣돈으로 오늘의 민들레영토를 만들었다고 한다. 이랜드그룹을 만든 박성수 회장은 3년 동안 3,000권을 읽은 후 이대 앞에 옷가게를 열어 이랜드그룹으로 키웠다고 한다.

이지성 작가도 2,000권을 읽고 머릿속이 뻥 뚫리는 느낌이 들면서 길이 보였다고 한다. 하지만 2,000권을 읽으려면 매일 한 권씩 읽어도 5년 반이라는 세월이 걸린다. 일주일에 한 권씩 읽는다고 하면 40년이나 걸린다고 한다. 그럼 이렇게 많은 책을 읽어야지만 내 삶에 변화를 줄 수 있을까? 그건 아니라고 한다. 사람에 따라 다르겠지만 독서에도 임계점이 있어서 이것을 통과하면 삶을 바꿀 수 있다고 한다. 그 차이는 무얼까? 삶에 대한 경험과 변화에 대한 그 사람의 간절함이라고 할 수 있다. 간절함이 있다면 단 몇 권을 읽더라도 삶의 변화를 경험할 수 있다는 것이다.

어떤 사람은 1년에 300권을 읽어야 한다고 한다. 또 어떤 사람은 1만 권은 읽어야 한다는 사람도 있다. 하지만 정작 자신의 삶을 바꾸는 책은 반드시 많은 책을 읽어야 하는 것은 아니다. 왜냐하면 어떤 사람은 50권, 100권만을 읽더라도 삶의 변화를 가져오는 책을 만날 수 있기 때문이다. 사람에 따라 다르겠지만 자신의 삶을 바꾸는 결정적인 책을 만나면 가능한 일이기 때문이다.

나의 삶을 변화시키는 책 읽기는 책 내용을 이해하는 것에서 머물러서는 안 된다. 책에서 본 내용을 토대로, 저자의 관점에서 이해하고, 나의 관점에서 깨달으며, 우리 모두의 관점에서 적용해볼 수 있어야 삶이 변한다. 책을 읽을 때는 세 가지 질문을 하면서 읽어보자.

1. 이 책과 나의 연관성은 어떤가?

2. 책의 예상 핵심 키워드는 무엇인가?

3. 이 책에서 내가 얻고자 하는 것은 무엇인가?

저자의 핵심을 보기 위한 세 가지 기술은 SKI다. Subject, Keyword, Impressive phrase의 약자로 주제, 키워드, 인상적인 구절을 의미한다. 좀 더 깊은 깨달음을 위한 세 가지 기술은 MRK다. Motivation, Role-model, Knowledge의 약자로, 동기, 역할 모델, 지식을 의미한다. 적용을 잘하기 위한 기술은 KIA이다. Kaizan, Idea, Action plan의 약자로 개선, 아이디어, 적용을 의미한다. 여러분도 '본깨적' 독서법을 통해 인생의 변화를 시도해보면 어떨까?

07

독서도 계획을 잘 짜서 해야 한다

계획은 원래 지켜지지 않는 것을 전제로 한다는 말이 있다. 이 말이 무슨 뜻일까? 그만큼 계획을 한다고 해서 다 실현되지는 않는다는 말일 것이다.

또 다른 의미에서는 "계획은 계획일 뿐이다."라는 말도 있다. 하지만 그래서 여러분이나 나나 연초가 되면 1년 계획을 구상한다. 거창하게 계획을 짜는 것은 별도로 하더라도 1년을 어떻게 보낼 것인지 나름대로 계획을 짜는 것이다. 왜 계획이 필요할까? 여러분도 다 알다시피 계획도 아무런 생각도 없이 인생을 살아간다면 어떤 일이 벌어질까? "생각하는 대로 살지 않으면 사는 대로 생각하게 된다."라는 말처럼 인생을 내가 주도적으로 살지 않고 종속적으로 끌려 다니면서 살게 된다는 의미일 것이다. 우리가 이생에 태어나 한 인간의 주체로서 주관적으로 살지 않는다면 그것은 과거 노예나 마찬가지인 타인의 삶을 살게 되는 것이다.

여러분 누구도 이러한 노예의 삶을 살기를 원하는 사람은 아무도 없을 것이다. 이처럼 인생에서 계획이 있듯이, 독서에서도 계획이 필요한 것이다. 계획을 잘 짜서 독서를 한다면 100% 목표가 달성되지 않는다고 하더라도 우리가 원하는 성과를 얻을 수 있을 것이다. 독서의 목적이 무엇인가? 독서를 통해 삶을 바꾸고 변화를 일으키는 것이라고 한다면, 반드시 그에 맞는 독서 계획은 필요한 수단이 될 수 있을 것이다.

대부분의 평범한 사람들은 사실 특별한 계획을 세워서 책을 읽지는 않는다. 왜냐하면 그렇게 계획을 잘 짜서 읽을 시간이 없다고 핑계를 대기 때문이다. 우리나라의 책을 읽는 사람들의 숫자가 전체 인구의 2%밖에 안 된다고 하니, 참으로 책을 읽는다는 것이 얼마나 힘든 일인지 알 것 같다. 생활에 찌들어 사는 대부분의 사람은 생계를 위해 생활전선에 나가기 때문에 책을 읽는 것 자체를 사치라고 치부한다. 하지만 평범한 사람일수록 책을 읽어야 한다는 역설도 있듯이 마음과 생각만 고쳐먹으면 바쁜 와중에도 얼마든지 책을 읽을 수 있고 자신의 삶을 변화시킬 수 있다. 비단 성공한 사람이나 학식이 높은 사람만이 책을 읽는 것이 아니라 지극히 평범한 사람으로 책을 통해 인생 역전에 성공한 사람들을 우리는 심심치 않게 보고 있다.

클리프턴 패디먼과 존 S. 메이저가 지은 『평생 독서 계획』이란 책에서는 책을 읽는다는 것은 "인생의 중요한 체험이며 꾸준한 내적 성장의 원천이다."라는 내용이 나온다.

나는 이 글을 보면서 '일생의 독서 계획은 인생의 내비게이션과 같다.'라는 생각을 하게 되었다. 우리가 가는 인생의 종착지는 정해져 있다. 그러면 어떻게 갈 것인지 인생의 내비게이션을 잘 만들어두면, 지름길로 목적지에 도착할 수 있고 가는 동안 인생이라는 과정을 즐기면서 갈 수 있지 않을까 한다. 삶을 어떻게 잘 즐기면서 갈 것인지는 중요한 얘기이다. 우리는 모두가 한평생이라는 인생의 시간을 부여받아 살고 있는 것이다. 시간은 정처 없이 흘러가지만, 그 시간 동안 알차고 행복한 인생을 보내기 위해서는 인생의 독서 계획을 잘 짜서 평생의 동반자인 친구로서 독서와 함께해야 하는 것이다.

독서가 사람에게 얼마나 유용한 것인지는 어릴 때부터 선생님으로부터 많이 들어 알고 있다. 하지만 정작 우리 세대는 교과서 위주의 학습과 대학교 진학이라는 현실에 얽매여 실질적인 독서를 할 수가 없었다. 대학에 들어가서는 취업하기 위한 수단으로 관련 서적을 읽는 데에 시간을 뺏기다 보니 정작 나를 위한 독서는 늘 뒷전이 되었다. 우리와 가장 가까운 나라로 늘 비교되면서 절대 질 수 없는 나라가 일본이다. 그런데 일본의 독서 인구는 우리나라에 비해 월등히 많다. 여러 가지 사건이 끊이지 않아 미운 점도 많은 일본이지만, 경제력이나 독서량에서 우리를 늘 앞지르고 있다. 우리가 일본보다 문화국가라고 자부하려면 독서에서만큼은 일본을 능가해야 한다. 일본은 문학뿐만 아니라 과학 분야에서도 노벨상 후보자를 많이 내고 있다. 우리가 일본보다 못할 이유가 없다. 단지 독서에서 우리는 일본을 앞지르지 못하고 있는 것이 안타까울 따름이다. 일본을 앞지르는 유일한 방법은 독서량을 늘리는 길이라고 생각한다. 독서에 모든 것이 다 들어 있으니 말이다.

역사상 성공한 사람들의 독서법을 살펴보겠다.

백독백습으로 유명한 세종대왕은 하도 책 읽기를 좋아하여 눈병에 걸리기까지 해서, 호랑이 아버지로 불리던 태종은 내관을 시켜 그 처소의 책을 모두 치워버렸다고 한다. 하지만 세종은 즉위 후 유능한 신하들에게 유급휴가를 주어 집에서 책을 읽게 하는 사가 독서를 실시할 만큼 책 읽기를 권장했다고 한다. 박현주 회장은 "나를 키운 건 8할이 독서"라고 표현할 만큼 독서 습관을 강조했다. 일본 최고의 저널리스트 다치바나 다카시는 "다양한 주제에 대한 폭넓은 독서가 자신을 만능지식인으로 키운 힘"이라고 말한다. '지식의 거인'으로 불리는 그는 3~4m 높이의 책들을 한 권에 압축해내는 것으로도 유명하다. 에이브러햄 링컨 미국 대통령은 "육체의 건강을 위해서는 음식이, 정신의 건강을 위해서는 책이 필요하다."라고 강조했다. 그는 새해가 되면 자신의 키 높이의 책을 읽는 것을 목표로 삼았다고 한다. 초등학교도 나오지 못한 링컨이 변호사가 되고 미국 대통령까지 오를 수 있었던 자양분은 바로 독서였다.

 이어령 전 문화부장관은 1988년 서울올림픽 개회식 예술 총감독을 맡았다. 이때 인터뷰에서 "최고의 문화 크리에이터가 될 수 있었던 비결이 무엇이냐?"라는 질문에 이렇게 답했다. "제가 지닌 독창성과 상상력의 원천은 어려운 책들을 읽으면서 모르는 부분을 끊임없이 메우려는 데서 생겨났다고 봅니다. 또 억지로 세운 독서 계획보다는 즐거움 속에서 가리지 않고 책을 읽도록 해야 합니다. 책은 악서와 양서가 없어요." 미래학자인 엘빈 토플러가 『미래쇼크』, 『제3의 물결』, 『권력 이동』 등 이른바 '엘빈 토플러 3부작'을 내놓으며 미래학자의 선두로 올라선 비결은 무엇일까? 그는 이러한 책을 쓰기 위해 참고한 문헌이 300권에서 600권에 달했다고 한다. 꾸준하고 다양한 독서와 사색이 뒷받침된다면 해당 분야의 전문가를 뛰어넘는 식견을 갖출 수 있는 것이다.

이렇게 독서로 성공한 사람들을 보면 책을 계획에 따라 읽기보다는 폭넓은 분야의 책을 많이 보았다는 것을 알 수 있고, 독서 계획보다 중요한 것이 독서 습관임을 알 수 있다.

그렇더라도 독서 습관이 제대로 들지 않은 사람이라면 독서 습관이 체계화될 때까지는 독서 계획을 세워서 읽는 것이 유용하리라고 본다.

내가 생각하는 독서 계획은 다음과 같다. 나는 관심 가는 분야의 주제를 정하고 책을 선택해서 읽되 권수에 구애받지 않고 읽는 습관을 들이는 것이 중요하다고 생각한다. 그리고 어떤 책을 선택해서 읽어야 할지 고민이 된다면 '책 속의 책'을 눈여겨보라고 하고 싶다. 책의 저자가 읽은 책의 리스트를 적어보자. 그리고 책의 저자들의 인생을 변화시킨 책들이 수없이 많을 것이다.

이 중에서도 중복되는 책이 있을 것이다. 이렇게 중복되는 책이 우리가 읽어야 하는 우선순위의 책이 될 것이다. 여러 사람들이 읽고 삶의 변화를 이룬 책이라면 필히 나에게도 어떤 변화를 줄 수 있는 귀중한 책이 될 확률이 높기 때문이다.

나도 한때는 책을 많이 빨리 읽고 싶었다. 그래서 속독 학원도 다닌 적이 있지만 그때뿐이었던 기억이 난다. 훈련을 하면 속도가 빨라지기도 하였지만, 그것이 지속되기가 어려웠고 습관으로 정착되지 않고 시간의 흐름에 따라 사라져버린 것이었다.

공부법, 자기계발, 위인전 등 동기 부여가 될 수 있는 책들이 내가 읽은 책 목록의 주된 카테고리였다. 대부분의 사람은 연초에 연간 도서 계획을 세울 때 '1년에 50권 읽기', '1년에 100권 읽기' 이런 식으로 목표를 세우는 경우가 많다. 특별히 독서 방법과 관련된 여러 가지 책들을 읽고, 자기계발과 관련된 여러 가지 책을 읽으면서 깨달은 사실은 읽은 책의 '권수'는 중요하지 않다는 것이다.

바꾸어 사례를 생각해본다면 누군가가 시간 관리와 관련된 책을 열 권을 읽었다고 해서 그 사람이 시간 관리를 잘한다고 볼 수는 없다는 것이다. 그 사람이 책을 읽은 것이 의미가 있으려면 그 사람에게 책 열 권의 내용이 남아 있는지를 살펴보아야 한다.

그렇기 때문에 차라리 독서 계획을 세울 때 '1주에 한 권', 혹은 '2주에 한 권' 하는 식으로 세워 독서 습관을 형성하는 것을 추천했다. 책과 친한 분들은 3일에 한 권, 매일 한 권으로 세우는 것도 좋은 방법이 될 것이다. 하지만 그것과 동시에 책 읽기의 진짜 중요한 목적은 책을 몇 권 읽어냈는지가 아니라, 책의 내용을 습득하고 나의 지적 만족이 되어야 한다. 그리고 그것과 더불어서 새롭게 알게 된 지적인 만족을 실천하고 행동으로 옮김으로써 여러분의 삶을 바꿔나가는 방향으로 한 걸음 더 발전해나가야 하는 것이다. 이것이 책 읽기의 최종적인 목표이다. 또한 독서 계획을 세울 때 반드시 염두에 두어야 할 부분이다. 그리고 독서를 하는 동안 계속해서 돌아보며 점검해야 하는 부분이기도 하다.

08

열심히 읽는 게 아니라 잘 읽어야 한다

우리는 인생을 살면서 주위에서 늘 듣는 말이 있다. "열심히 살라"고 말이다. 사람은 누구나가 열심히 살려고 노력한다. 왜? 사람은 혼자 살 수 없기 때문이다. 그러다 보니 남을 의식하게 되고, 남의 시선을 무시할 수 없게 된 것이다. 그래서 사람들은 주위 환경의 영향을 받는 것이다. 그래서 인간을 '사회적 동물'이라고 하지 않는가?

오래전에 방영된 일일드라마 〈왕가네 식구들〉의 OST가 떠오른다. "사랑 찾아 인생을 찾아 하루종일 숨이 차게 뛰어다닌다. 서울 하늘 하늘 아래서 내 꿈도 가까이 온다." 그 당시 대단한 인기를 구가하며 방송된 이 드라마는 사람들이 얼마나 열심히 살아가야 하는가에 대한 현실을 보여준 것이었다. 남자 주인공은 아침부터 저녁 늦게까지 하루 종일 뛰어다니지만, 생활은 크게 달라지지 않고 힘들기만 했다. 우리네 인생이 다 그런 것처럼 말이다.

이는 독서에서도 마찬가지가 아닌가 생각한다. 우리는 뭐든지 열심히 하는 것을 미덕으로 삼고 있다. 독서도 나름대로 열심히 하고, 그렇게 하는 줄로 알고 지금까지 그래왔다. 하지만 수년 전부터는 독서도 열심히만 해서는 자신의 삶에 어떠한 변화도 없다는 것을 깨닫게 되었다. 독서법 책이 수백 권이나 출판되고 있지만, 이러한 상황은 사람들이 독서법에 대해 다시 한번 생각하는 계기가 되었다. 독서는 목적을 가지고 해야 한다는 것이다. 단순한 취미 독서를 넘어 실천하고 실행하여 결과를 도출하고 생의 변화를 만드는 것이 되어야 하는 것이다.

그렇다면 열심히 읽는 게 아니라 잘 읽으려면 어떻게 읽어야 할까?

첫 번째로 능동적으로 읽으라는 것이다. 책에 있는 내용을 있는 그대로 읽고 받아들이는 것이 아니라, 내가 주체가 되어 필자와 이야기하듯 질문을 하면서 읽으라는 것이다.

두 번째로 적극적인 자세로 읽으라는 것이다. 적극적인 자세란 떠오르는 생각을 메모하면서 중요하다고 생각되는 부분에는 밑줄치면서 읽으라는 것이다.

세 번째로 전체 주제에 대해 어떤 의미가 있는지 결론을 추론하면서 읽으라는 것이다.

네 번째로 메모하면서 읽으라는 것이다. '적자생존'이란 말의 다른 뜻은 '적는 사람이 살아남는다'는 것이다. 그때그때 떠오르는 생각을 메모하면서 적지 않으며 아무것도 남지 않는다.

우리는 지금까지 독서를 어떻게 해왔을까?

나름대로 열심히 읽어왔다. 그런데 어떤가? 대부분의 사람이 경험해보아서 알고 있듯이 책을 읽었어도 인생의 변화를 이루지 못했다. 왜 그럴까? 괴테는 말한다. "인생은 속도가 아니라 방향이다." 우리는 열심히 노력했다고 반드시 보상을 받는 것이 아니다. 그리고 열심히 안 했다고 해서 아무런 보상을 받지 않는 것도 아니라는 사실을 알고 있다. 노력해도 안 되는 것이 있고 노력한 만큼 보상이 없을 수도 있다는 것을 말이다. 노력한 것에 비해 큰 성과가 있을 수도 있다는 사실도 인정해야 한다. '원래 인생은 공평하지 않아! 노력으로 다 된다는 말을 너는 믿냐! 모르겠어? 네 노력이 부족해서 그런 게 아니란 말이야!'라는 위로의 말이 들리는 것 같다.

우리의 선조님들은 어떻게 잘 읽었을까?

세종대왕을 보면 우리는 '백독백습'을 떠올릴 수 있다. 말 그대로 백 번 읽고 백 번 쓴다는 뜻이다. 한 권의 책을 백 번 이상 읽고 쓰면 그 뜻이 저절로 드러난다는 의미를 담고 있다. 이는 독서백편의자현(讀書百遍義自見)이란 구절에서 비롯됐다고 한다. '책을 백 번 읽으면 그 뜻이 저절로 드러난다'는 뜻인데, 중국의 사서인 『삼국지』 위서에 실린 동우의 고사에서 비롯된 말이다.

다음은 안중근 의사 얘기다. "일일부독서(一日不讀書)면 구중생형극(口中生荊棘)"이라 했다. 안중근 의사가 옥중에서 쓴 글이다. 하루라도 책을 읽지 않으면 입 안에 가시가 자라난다는 뜻이다. 어느 날이든지 사람은 반드시 책을 읽고, 자신의 생각과 행위를 돌아보지 않으면 안 된다는 말씀이다. 이 한마디를 보아도 안중근 의사가 독서를 소중히 여기는 한 사람의 선비였음을 알 수 있다.

책 잘 읽는 방법에 대한 다른 저자의 의견을 살펴보자.
『책 잘 읽는 방법』의 김봉진 저자는 책에서 다음과 같이 말했다. 책 읽는 것을 운동과 비교하여 설명하였다. 첫 번째로는 생각의 근육을 키워주는 트레이너 구하기이다. 헬스장도 꾸준히 가면 자연스럽게 몸이 기억하는 것처럼 10일만 한다는 생각으로 시작하여 생각의 근육을 키우라는 내용이다.

이렇듯 책을 잘 읽는 방법 중의 하나는 무작정 책을 읽지 말고, 책을 어떻게 읽으면 좋은지에 대해 쓴 책을 먼저 보라는 얘기다. 마치 운동할 때 그냥 하는 운동과 트레이너에게 운동하는 법을 배워서 하는 것의 차이는 엄청나지 않던가? 그러니 나나 여러분도 이제는 책을 잘 읽을 수 있는 방법이 서술된 독서법부터 보고 자신에게 맞는 방법을 찾아 독서를 했을 때 더욱더 큰 효과를 볼 수 있다고 생각한다.

두 번째는 일단 많이 사야, 많이 본다는 것이다. 책을 읽겠다고 작정했으면 생활비의 얼마는 책값으로 책정하고 가능한 많이 사라. 읽지 못한 책들은 인테리어 효과로도 충분하다. 책을 많이 읽으려면 일단 많이 사는 게 가장 중요하다. 책을 많이 구매할 형편이 안 되면 도서관에서 자주 빌리면 된다. 많이 사든, 빌리든 책이 많아야 많이 읽을 수 있다.

"이는 마치 다양하게 음식을 많이 먹어봐야 어떤 음식이 좋은 음식인지 아는 것처럼, 많이 사고 다양한 책을 많이 읽어야만 어떤 책이 좋은 책인지 알 수 있어요."
 −김봉진, 『책 잘 읽는 방법』

나 또한 위 의견에 전적으로 동감한다. 책을 많이 사고, 안 되면 빌려서라도 많이 봐야 한다. 그래서 나는 예스24 북클럽과 리디북스, 그리고 밀리의서재에 각각 월정액 요금제로 가입되어 있다. 무려 128,000여 권의 전자책을 다운받아서 볼 수 있다. 나의 전용 전자도서관을 가지고 다니면서 필요할 때마다 볼 수 있는 것이다. 책 쓰기를 목적으로 어떻게하면 많은 책을 볼 수 있을까 방법을 찾다 보니 이런 행운을 발견한 것이다. 성경에 나오는 "구하라, 그러면 구해질 것이요, 찾아라! 그러면 찾아질 것이다."라는 말이 딱 들어맞는 얘기가 아닌가.

나는 이러한 전자책 도서관을 마련함으로써 나에게는 천군만마를 얻은 것보다도 더 큰 희열과 기쁨을 얻을 수 있었다.

세 번째는 가방에는 책 한두 권을 가지고 다니라는 것이다. 이 말은 앞에서도 언급한 일이 있지만, 전철을 타거나 버스로 이동할 때 등 불가피하게 외출할 때 책을 읽으라는 것이다. 틈틈이 나는 자투리 시간을 이용해서 책을 읽으면 점이 선이 되듯이 무시할 수 없는 독서의 귀중한 시간이 되는 것이다.

네 번째는 책장보다는 책상 위에 책을 놓아라. 이것은 책을 항상 볼 수 있고, 손을 뻗으면 닿을 수 있는 곳에 두라는 의미이다. 책장에 고이고이 잘 모셔두어야 할 가보 같은 존재가 아니라, 언제든 보고 싶을 때 보는 거울 같은 존재나 핸드폰 같은 존재가 맞겠다. 핸드폰을 우리가 얼마나 애지중지하는가!

어딜 가거나, 잠자리에 들더라도 항상 옆에 끼고 살지 않던가! 책을 핸드폰처럼 그렇게 애지중지해서 보라는 것이다. 책은 핸드폰보다 천 배, 만 배 더 우리에게 유익과 즐거움 그리고 깨달음을 주는 존재이니만큼 그 가치를 지금이라도 명심하자.

다섯 번째는 좋은 책 잘 찾는 법이다. 누군가가 추천해주는 책을 활용한다. 신문 주말 섹션의 책 소개란을 참고해도 좋고, 네이버의 '지식인의 서재'도 좋다. 서울대가 선정한 도서와 하버드가 선정한 도서 목록도 좋다. 특히 책에서 소개된 '책 속의 책'을 유념해보면 좋을 것이다. 저자가 책에 소개할 정도라면 어느 정도는 검증이 된 책이 아닌가?

여섯 번째는 책 친구 만들기이다. 책을 닥치는 대로 열심히 읽는 것은 별로 도움이 되지 않는다. 이렇게 하는 것은 그야말로 돈 낭비요, 시간 낭비인 것이다. 속독도 마찬가지이다. 많이 빨리 읽어야 한다는 강박관념에서 벗어나야 한다. 한 달에 30권을 독파한다고 하더라도 삶이 바뀌지 않는다면 그러한 독서는 무의미한 것이다. 오히려 한 페이지나 한 줄만 읽더라도 실천으로 이어져서 결과를 도출해야 의미가 있는 것이다. 독서의 진짜 목적은 지식을 단순히 얻는 것을 넘어서 책에서 얻은 지식을 실천하고 성과를 도출해내는 것이다.

그러려면 우리는 생각부터 바꿔야 한다. 독서량의 차이가 아니라 독서 방법의 차이인 것이다. 더 나아가서 책을 요약하고 정리하는 것으로 끝내서는 안 된다. 생각하고 실천하는 적용하는 단계까지 나아가야 한다. 책을 읽는 목적을 분명히 할 필요가 있다. 책을 읽는 목적에 따라 책을 읽는 방법도 달리해야 하기 때문이다. 여러분은 이제 잘 읽을 준비가 되었는가?

Dream
Challenge!

Dreams
Come True!

CHAPTER 4

기억에 오래 남는
7가지
독서의 기술

01

가장 효과적인
나만의 독서법을 찾아라

자신만의 독서법이 있는가? 아마도 대부분은 없다고 할 것이다. 왜냐하면 우리는 어디서도 독서법을 제대로 배우지 않았으니까. 하지만 오래전부터 독서법에 관한 책은 있었다. 단지 우리가 그것을 잘 알지 못했을 뿐이다. 세상에는 독서법에 관한 책만 해도 수만 권이 있다. 아마도 개개인의 독서법까지 친다면 수십만 가지는 될 것이다.

그런데 우리는 이렇게 많은 독서법이 있다손 치더라도 자신만의 독서법을 가지고 있어야 한다. 남이 좋다는 독서법이 나에게 항상 좋은 것만은 아니기 때문이다. 하지만 우리가 자신만의 독서법이 정립되어 있지 않다면 남이 해서 효과를 본 독서법을 따라 해보는 것도 좋을 것이다.

그 방법이 나에게 맞을 수도 있고, 맞지 않을 수도 있다. 하지만 관심을 가지고 다른 사람들의 방법도 내가 시도해보고 적용해보는 것도 필요하다는 생각이 든다.

지금은 그야말로 독서법 전성시대이고 춘추전국시대라고 할 만큼 독서법에 대한 책이 많이 나와 있다. 수백 가지의 독서법 중에서 필자가 읽어본 독서법 책 중의 일부를 소개해볼까 한다. 여러분도 다른 책에 나와 있는 독서법의 핵심 내용을 보면 자신의 독서법을 찾는 데 도움이 되지 않을까 하는 생각이다.

첫 번째 독서법은 기성준 작가의 『독서법부터 바꿔라』에 나오는 CIRI독서법이다. 선택(Choose), 몰입(Immerse), 흔적(Retain), 쓰기(Inscribe)를 바꿔야 한다는 뜻으로 '살아 움직이는 독서'를 해야 한다는 독서법이다.

두 번째 독서법은 신정철 작가의 『단 한 권을 읽어도 제대로 남는 메모 독서법』에 나오는 '메모 독서법'이다. 책에 메모하고 독서노트를 쓰며, 메모하며 독서하는 습관을 만들어야 한다는 독서법이다.

세 번째 독서법은 성남주 작가의 『ASK 독서법』의 'ASK 독서법'이다. 구하라(Ask), 방법을 찾아라(Seek), 두드려라(Knock)의 약자로 머뭇거리지 말고 행동하는 것이 가장 중요하다는 독서법이다.

네 번째 독서법은 이세훈 작가의 『아웃풋 독서법』에 나오는 '아웃풋 독서법'이다. 자신의 경험과 결합하여 새로운 정보나 지식을 정리하고 구체적인 방법론을 체득해야 한다는 독서법이다.

다섯 번째는 인나미 아쓰시 작가의 『1만 권 독서법』에 나오는 책을 빠르게 읽는 방법이다. 머리말과 차례를 통해 한 줄 샘플링, 첫 단락과 마지막 다섯 줄만 읽고 키워드를 정해 읽은 뒤 스스로 리듬(중속, 고속, 5배속 등)을 조절해가며 읽는 것까지 총 4단계를 제시한다.

필자는 독서법에 대한 책을 읽으면서 작가들의 독서법 중 좋은 것은 직접 실행해보고 있다. 수많은 독서법 중에서 나에게 맞는 독서법을 찾아서 독서를 할 것이다. 수백 가지의 독서법이 다 좋다고는 할 수 없다. 독서법 중에서 가장 좋은 것들만을 골라 나에게 맞는 독서법으로 재탄생시키자. 그리고 어떤 독서법은 다른 사람에게는 좋으나 나에게는 맞지 않을 수도 있다. 그러니 나에게 적합한 독서법을 찾아서 나만의 독서법으로 체계화시키는 노력이 필요할 것이다. 여러분도 독서법에 너무 매달리지는 말고 지금 읽고 있는 작가들의 독서법 중 좋은 것만을 취해서 실행해보고 나만의 독서법으로 만들기를 바란다.

02

독서 모임으로 함께하라

코로나19가 기승을 부리는 요즘, 사람들의 만남은 극도로 통제되고 있다. 코로나 백신을 맞기 시작한 지도 여러 달이지만 백신 맞는 속도는 더디기만 하다. 백신 부족으로 50~59세까지의 백신 접종 사전 예약은 부분 중단되기도 했다. 처음부터 질병관리청은 이렇게 많은 사람이 예약을 하리라고는 전혀 예상하지 못했다. 수많은 접종 예약 대기자들이 혼란을 겪어야만 했다. 추후 추가 백신이 확보되어야 예약을 받을 수 있다고 한다. 벌써 코로나19 상황으로 국민적 혼란과 경제적 손실은 천문학적 수치를 웃돌고 있었다.

그렇게 집에 방콕하는 기간이 길어지다 보니, 아무래도 책을 볼 수 있는 시간적, 정신적 여유는 과거보다 많아졌다고 봐야 할 것이다. 코로나 19가 몰고 온 세상의 변화는 삶과 죽음의 공포를 넘어 어떻게 살아야 할 것인가에 대한 질문을 우리에게 던지고 있다. 사회적으로나 개인적으로나 일대 대변혁기임에는 틀림이 없다. 이러한 위기 상황에서 어떻게 할 것인가 다시 한번 나를 돌아보는 계기가 되었다.

독서 모임은 함께하는 것이다. 모임이라는 국어사전적 의미를 보면, '어떤 목적 아래 여러 사람이 모이는 일'이라고 되어 있다. 독서를 목적으로 사람들이 모여서 하는 토론이 독서 모임인 것이다. 일종의 동아리인 셈이다. '동아리' 하면 생각나는 것이 있다. 젊은 대학생 시절 나는 처음으로 대학에 입학하여 서클 활동을 했었다.(1981년 그 당시에는 동아리를 서클이라고 했다.) 선배들은 신입생들을 대상으로 나름대로 자신들의 서클이 좋다고 대대적으로 홍보하고 선물도 주고 하면서 환심을 사려고 했다. 나는 여러 서클 중에서도 'ALA'라는 영어 공부도 하면서 친목을 다지는 서클에 가입했다. 영어 공부도 하면서 친구도 사귀면 좋겠다는 나 나름대로의 생각이었다. 나름 지적인 서클인 것이다.

짧은 기간 동안에 서클 활동을 하고 그만두었지만, 그때의 서클 활동은 공부와 오락을 하면서 친구를 사귈 수 있는 좋은 계기를 마련해주었다. 친구도 사귀고, 영어 공부도 하면서 청춘 시절의 낭만을 처음으로 만

끽했던 시간이 아니었나 생각이 된다. 이 서클에서 여름방학을 계기로 충청도 어느 시골 농촌 마을에 '대학생 자원봉사활동'을 2주간 다녀왔다. 시골 마을에서는 이장님을 비롯하여 주민들이 서울에서 대학생들이 자원봉사 왔다고 좋아하셨다. 대학생들은 가가호호를 방문하여 어려운 점을 해결해주기도 하였다. 농촌 출신의 대학생은 벼에 농약을 뿌려주기도 하였다. 그리고 공동으로 마을 도로를 정비하는 사업도 하였다. 나 또한 농촌 출신이지만 거의 서울에서 학교를 다니다 보니 농사일은 할 기회가 없었다. 그래서 농촌 마을이 친근하면서도 낯설었다. 밤에는 농촌의 초·중등 학생을 대상으로 학업과 관련된 독서 지도를 했다. 그렇게 2주간의 농촌봉사활동은 봉사와 나눔을 실천하면서 알차게 마무리 되었다.

사카모토 우미가 쓴 『하루 한 권 독서법』에서는 SNS가 보급된 현재 누구라도 부담 없이 '독서 이벤트'를 개최할 수 있고 독서 모임을 스스로 개최하고 운영할 수 있다고 말한다.

나는 독서 모임에 지금껏 참여만 하고 있다. 하지만 독서를 능동적이고 적극적이며 주체적으로 하려면 독서 모임을 운영해보는 것도 좋은 방법이 될 수 있다고 생각한다. 독서 모임에 참여하는 수동적이고 소극적인 자세에서 벗어나 독서 모임을 운영해본다면 나에게 일어나는 변화를 더 많이 더 깊숙이 받아들이고 향유할 수 있을 것이다. 너무 두려워하지 말자. 모든 준비가 된 후에 하려고 하면 늦을 수도 있다. 비록 준비가 다 되지 않았다손 치더라도 부족한 것은 공부해가면서 함께 독서 모임을 운영하는 것을 배우는 것도 나쁘지 않다고 생각한다. 하고자 할 의욕이 있을 때 바로 실행하는 실행력도 나를 변화시키는 중요한 요소 중에 하나임은 분명하다.

박용석 외 4명의 저자가 쓴 『모든 것은 독서 모임에서 시작되었다』에서는 독서를 달리기와 비교하여 설명한다. 시작이 힘든 달리기 같은 독서지만 기준을 제시하고 독서를 채근하는 심판이 있는 독서 모임이라면 첫걸음을 내딛을 수 있을 것이라는 내용이다. 그리고 좋은 심판을 만나는 것에 대한 중요성을 설명한다.

나는 독서 모임이 좋은 심판을 잘 만나야 한다는 데 전적으로 동의한다. 왜냐하면 독서 모임의 리더가 어떻게 독서 모임을 운영하느냐의 여부에 따라 독서 모임의 방향과 숙명이 정해지기 때문이다. 독서 모임에 대해 자신의 생각과 사고가 어느 정도 맞는지 확인하는 작업이 꼭 필요하다. 그리고 독서 모임에서는 많은 사람들을 만날 수 있고 잘하면 평생의 독서 친구를 사귈 수 있는 귀중한 기회이기도 하다. 인생에서 좋은 사람을 만나는 것처럼 독서를 통해 인생을 같이 향유할 좋은 친구를 만나는 것은 행운이요 축복이 아닐 수 없다는 생각이다.

원하나 작가의 『독서 모임 꾸리는 법』에서는 밀러 에세이의 "평생 책만 읽는 것이 내 단 하나의 소망이었다."라는 문장을 언급하며 책을 일상의 한 부분으로 여기는 것에 대한 이야기를 한다. 여기서 독서 모임을 괜찮은 독서 수단이라고 소개한다.

나도 한때는 사법고시며 자격증 공부 등 많은 공부를 하면서 '평생 공부만 하고 살고 싶다'는 생각을 한 적이 있었다. 하지만 세상은 독서만 하고 살기에는 너무 복잡하고 바쁘고 정말로 재미있는 것들이 많다. 당장 먹고사는 문제부터 사람과의 관계도 중요하기 때문에 그렇게 살기는 쉽지 않다는 것이다. 독서 자체가 목적이 될 수는 없을 것이다. 독서는 사람의 삶을 변화시키고 좋은 방향으로 삶을 이끌어가는 수단이어야 한다는 생각이다. 그런 의미에서 독서 모임은 인생의 변화와 성장을 바라는 사람들에게 많은 유익을 준다고 생각한다.

내가 생각하는 독서 모임의 존재 가치는 첫째로 나 혼자 책을 읽었을 때에는 편협한 사고를 할 수 있으나, 많은 사람들의 의견을 듣다 보면 다양한 사고의 확장을 꾀할 수 있다는 것이다.

둘째는 어떤 문제에 대한 정답을 찾고자 할 때 정답이 한 개만 있는 것이 아니라, 다양한 답을 찾을 수 있다는 것이다.

셋째는 독서를 독서 모임 회원들과 함께 한다면 규칙적이고 꾸준하게 할 수 있는 토대를 만들어준다는 것이다.

넷째는 독서 모임을 통해 책에 대한 나의 생각을 정리하는 기술이 높아지고, 말하기 연습도 할 수 있다는 것이다.

다섯 번째로는 독서 모임을 통해 사람과의 만남을 실현하고 독서를 매개로 한 평생 친구를 사귈 수 있다는 것이다.

이렇듯 책을 통해 독서 모임을 함께 한다면 인생을 살아가는 데 많은 도움을 받을 수 있다. 어차피 인생은 사람이 어떻게 살아가느냐가 가장 중요한 일이라면 독서 모임을 통해 건전하고 올바른 사고를 가진 좋은 친구를 만나는 행운을 얻어서 행복한 삶을 사는 데 크게 기여하리라고 생각한다. 독서 모임에 참여하거나, 아니면 독서 모임을 만들어 운영을 하는 것도 좋은 방법이 아닌가?

03

책에 밑줄 치고, 메모하며,
책을 더럽게 읽어라

예전에 우리는 책은 깨끗이 읽어야 한다고 알고 있었다. 대부분의 사람들이 하는 책 읽기 방법인 것이다. 이것은 과거에 우리가 교과서를 후배에게 물려주면서 공부하던 시절이 있었다. 자원이 귀하고 물자가 소중한 시절에 이야기인 것이다. 그러다 보니 밑줄이니 낙서니 하는 것들은 거의 금기시했다. 연필로 낙서라도 되어 있으면 지우개로 박박 지워야했다. 그러다 보니 책을 읽을 때도 마찬가지로 깨끗이 보는 것이 상식처럼 되어 있었던 것이다. 그러다가 지금은 어떤가? 물자가 풍부하고 학용품 및 물건들은 너무 많이 생산되고 있으며 다품종 소량 생산으로 종류는 그야말로 수백만 가지가 넘는다. 종이도 예전에는 아주 귀하디 귀했지만 지금은 휴지며, 노트며, A4 용지도 돈만 주면 얼마든지 살 수 있다. 그만큼 우리의 생활 수준도 높아졌고, 생활도 많이 나아졌다. 예전에는 저축을 장려하고 절약을 미덕으로 삼았던 시절이 있었다. 하지만 지금은 소비가 미덕인 시절이고 저축보다는 투자가 미덕인 시절인 것이다. 예전과 비교하면 하늘과 땅 차이이고, 180도 바뀐 현실을 살고 있다.

지금은 자격증 공부를 하거나, 책을 읽을 때에도 책에다 밑줄을 긋거나, 메모를 한다. 형광펜이나 삼색볼펜 등으로 중요한 핵심 키워드를 표시하면서 공부한다. 그래야 머리에도 잘 들어가고 기억력에도 도움이 된다. 깨끗이 보면, 깨끗이 잊어버린다는 말이 있다. 그만큼 우리의 뇌도 단순하지만은 않다. 그러기 때문에 전부 다 보고, 전부 읽으면, 아무것도 기억나는 것이 없는지도 모른다. 확실한 몇 개나 소량을 암기해야 기억해도 잘 기억이 되는 것이다.

여러 독서 고수도 밑줄 치고, 메모하며 읽었다는 것을 알 수 있다. 이성렬 작가의 『독서고수의 독서법을 훔쳐라』에서는 별표, 동그라미 등의 기호로 중요한 부분을 표시하고 핵심 내용을 여백에 적는 것으로 내용을 요약하며 책을 읽고 떠오른 생각이나 아이디어 또한 여백에 메모하는 방법으로 흔적을 남기며 독서를 하는 방법이 나온다.

나 또한 오랜 기간 고시와 자격증 공부를 하면서 나름대로 효과적인 방법을 찾아 밑줄 치고, 메모하고, 형광펜으로 칠하면서 공부했다. 소위 말하는 단권화를 하면서 말이다. '단권화'란 말 그대로 기본서를 중심으로 해서 참고도서를 보충하여 기본서에 없는 부분은 기본서 여백에 적어 넣는 방법이다. 이렇게 하면 핵심 내용뿐만 아니라 중요한 사항을 빠짐없이 정리할 수가 있어서 수험 공부에 유용한 공부 전략이다.

그렇게 하는 것이 기억력에도 많은 도움을 주었다. 독서에서도 마찬가지이다. 독서를 통해 내 삶을 변화시키고자 하는 것이라면 더욱더 책에 나의 흔적을 남길 필요가 있다. 작가가 써놓은 책의 글은 작가의 인생이지만, 내가 그 책을 읽는 것은 작가의 인생을 통해 나의 인생을 되돌아보고 나의 삶에 적용하기 위함이다.

책에 밑줄을 긋고, 메모하고, 형광펜으로 칠하면서 그때부터는 온전히 나의 책이 되는 것이다. 책을 더럽히라는 말이 있지 않은가? 책 한 권마다 나의 인생의 도화지라고 생각하자. 책이라는 도화지에 나의 인생의 그림을 마음대로 그려보자. 남이 보기에는 형편없는 그림이겠지만, 지저분하게 그려진 책의 그림을 보면 그만큼 나의 애정과 열정이 그 속에 녹아 애지중지하게 되지 않을까? 책 한 권을 만날 때마다 나의 인생의 그림을 그려보자. 추상화처럼 그릴수록 더 멋있는 나의 인생이 펼쳐지지 않을까?

구보타 기소우가 쓴『손과 뇌』에서는 인간의 손과 뇌는 밀접한 관련이 있어 손을 많이 사용하면 뇌가 좋아진다는 사실을 과학적 근거를 통해 말한다. 그런 면에서 독서를 하면서 책에 밑줄을 긋고, 메모하며 책을 더럽게 읽는 것은 뇌를 자극하게 되는 것이다. 그것이 결국 뇌를 활성화시켜 기억에도 영향을 미치는 것이다. 손을 자주 사용할수록 뇌가 활성화된다는 것이고, 독서를 하면서도 손을 많이 움직이는 것이 기억에도 많은 도움이 된다는 사실을 과학적으로 입증한 셈이 된다.

　"깨끗이 보면 깨끗이 잊어버린다."라는 말도 있듯이 책을 이제는 자신만의 도화지라고 생각하고 밑줄 긋고 메모하고 그림도 그리면서 더럽게 지저분하게 책을 읽어보자. 나만의 흔적을 남기면서 오롯이 책을 정복한다는 느낌을 받을 수 있을 것이다. 칭기즈칸이나 나폴레옹이 국가들을 정복했듯이 나 또한 책을 정복하겠다는 생각으로 나만의 흔적을 책에 남겨보면 어떨까?

04

인풋 독서는 이제 그만,
아웃풋 독서로 승부하라

우리는 지금까지 어떤 독서를 해왔을까?

대부분의 사람들이 지금껏 인풋 독서만 주로 해왔다. 우리 모두 대부분은 아웃풋 독서가 아닌 인풋 독서를 해온 것이다. 그래서 당연히 독서를 많이 했더라도 인생의 변화를 경험하지 못한 것이다. 우리가 학창 시절을 떠올려보면 공부도 인풋 위주로 하였다.

학교 교육 자체가 주입식 교육이 주를 이루다 보니 당연한 결과인지도 모른다. 초등학교에서 대학교까지 공교육 12년 동안 선생님이나 교수님들은 일방적으로 교과과정을 가르치기에 급급했고 학생인 우리는 선생님이나 교수님이 말씀하는 대로 받아 적고 암기하기에 바빴다. 그리고 교과서 위주로 내용을 잘 암기해서 써낸 답안이 고득점을 받는 시대였다. 지금은 많이 바뀌었다지만 과거의 교육이 그래왔던 게 사실이다. 독서에서도 마찬가지 현상이 나타난다. 책을 읽는 데에만 급급했고, 얼마나 많은 책을 읽을 것인가에 모두가 집중해 있었다. 그래서 1년에 300권을 읽어야 한다느니 누구는 무려 1,000권을 읽어야 한다고 하는 얘기가 나온 것이다. 많이만 읽는 인풋 독서로는 내 삶에 변화를 가져오지 못한다. 왜 그럴까? 바로 아웃풋 독서를 안 했기 때문이다.

이세훈 저자가 지은 『아웃풋 독서법』에서는 결과를 만들어내는 생산적인 독서법의 존재를 말한다. '나만의 책 쓰기'로 이어지는 독서가 중요하다는 것이다.

나는 이 책을 통해 지금까지의 인풋 독서가 나의 삶에 아무런 변화를 이루지 못한 이유를 발견할 수가 있었다. 책을 읽기만 했지, 책을 쓰는 아웃풋 독서를 하지 않았기 때문이다. 아웃풋 독서를 하려면 인풋 독서부터 달라진다. 기존의 독서보다도 더 집중하여 책을 읽을 수 있으며, 핵심을 찾는 노력도 가미가 되었다. 핵심 내용이나 느낌이 오는 문장에 밑줄을 긋고, 메모하고, 형광펜으로 체크함으로써 생산적인 독서가 가능해진 것이다.

인풋 독서를 하지 말란다. 왜 그럴까? 지금까지 대부분의 사람이 하는 독서가 인풋 독서인 것이다. 그런데 어떤가? 여러분이나 나의 결과를 보자. 수십 년 동안 책을 읽어 왔지만 자신의 삶에 변화가 있었던가? 나는 아니었다. 여러분은 어떤가? 나와 큰 차이 없을 것이다.

책을 읽으면 수없이 많은 정보와 지식을 습득할 수 있다. 그런데 그런 정보와 지식들을 잘 활용한다면 모르지만, 계속 책을 읽기만 해서는 정보의 쓰레기처럼 쌓이게 되는 것이다. 아무리 좋은 정보나 지식이 있어도 현실에서 활용하지 못하거나 실행해서 행동의 변화를 가져오지 못한다면 그것은 쓸모없는 정보가 되는 것이다.

사카모토 우미가 지은 『하루 한 권 독서법』에서는 능동적으로 반복하는 것의 중요성에 대해 설명하며 독서 모임을 추천한다. 독서 모임의 회원들에게 핵심을 요약하거나 나의 생각과 의견을 말하는 자리이니만큼 확실한 아웃풋 독서 방법 중의 하나임은 틀림없다. 그리고 필자가 현재 책을 쓰고 있는 것처럼 책을 쓰기 위한 목적으로 독서를 한다면 이것 또한 가장 확실한 아웃풋 독서법이 될 것이다.

아웃풋 독서를 하라는 의미는 무엇일까? 생각해보자.

"Think Different(다르게 생각하라)!"

이는 그 유명한 아이폰의 창시자 스티브 잡스가 한 말이다. 책을 읽으면서 저자의 생각을 읽기도 하지만, 저자의 생각과 다르게 생각하고 사고한다면 뭔가 창의적인 아이디어가 나올 수 있지 않을까? 그렇게 '다르게 생각하는' 연습을 하다 보면 궁극에 가서는 아웃풋 독서를 하지 않을까 생각한다.

결국 아웃풋 독서는 결과를 창출해내는 독서법이다. 책을 읽고 나서 현실에 적용할 것을 찾아 실행하는 것이다. 아웃풋 독서는 비단 책만을 의미하지는 않을 것이다. 신문이나 잡지 등도 해당될 것이다. 신문이나 잡지를 읽으면서도 핵심을 요약하고 중요한 정보를 캐치해내는 것은 중요한 일이다. 더 많이 읽는 것이 문제가 아니며, 더 빨리 읽어야 하는 것이 문제도 아니다. 더 중요한 것은 어떻게 읽을 것인가가 문제인 것이다. 오히려 독서 습관보다도 더 독서 방법이 중요한 이유이기도 하다. 처음 책을 읽을 때부터 의식적으로 아웃풋을 목적으로 한 독서를 하라는 것이다. 아무런 생각과 사고 없이 맹목적인 인풋 독서로는 더 이상 책을 읽는 의미가 없는 것이다. 철저히 결과나 목적을 달성하겠다는 의지를 가지고 아웃풋 독서에 임해야 하는 것이다.

역사적으로도 보면 세계의 수많은 위인들이 독서의 중요성을 언급했다. 고대 그리스의 소크라테스부터 현대의 빌 게이츠나 스티브 잡스, 워런 버핏까지 독서의 중요성을 얘기했다. 그들은 나름대로 자신에게 맞는 독서법을 찾아 독서를 평생의 동반자로서 책을 읽었던 것이다. 이들은 이러한 독서를 통해서 자신들만의 인생을 바꾸고 세상을 바꾸는 독서를 한 것이다. 무작정 인풋만의 독서가 아닌 결과와 성과로 이어지는 아웃풋 독서를 했다고 볼 수 있는 것이다. 책을 무조건 읽기만 하는 맹목적인 인풋 독서는 이제는 버리고, 삶의 변화로 이어지는 아웃풋 독서로 나아가자. 독서는 읽는 사람이 어떻게 읽느냐에 따라 생존무기가 되기도 한다. 좋은 독서 습관과 현실에 적용하는 아웃풋 독서를 통해 인생의 변화와 성장을 이루길 바란다. 자, 이제 우리 인풋 독서는 그만하고, 결과와 성과로 이어지는 아웃풋 독서로 승부를 내보자.

05

글쓰기를 염두에 두고 읽고, 자기 생각을 메모하라

기억에 오래 남는 7가지 독서의 기술 중 또 한 가지는 글쓰기를 염두에 두고 읽고, '자기 생각을 메모하라.'이다. 그럼 먼저 글쓰기란 무엇이고 어떻게 쓰는 것인지 먼저 살펴볼 필요가 있다. 글쓰기란 개념은 책 쓰기를 포괄하는 의미로 각종 신문의 칼럼이나, 잡지의 글도 포함한다. 글쓰기는 가장 광의의 개념이라고 보면 된다.

우리는 교육 과정에서 글쓰기를 제대로 배우지 않았다. 물론 독서도 배운 적이 없다. 우선 글쓰기에 대한 내용부터 공부해보자.

백승권 저자가 쓴『글쓰기가 처음입니다』에 의하면 글쓰기는 운전면허증과 동일하다고 한다.

　"1단계는 두려움을 해소할 수 있는 구체적 방법과 도구인 키워드 매트릭스, 마인드맵 글쓰기, 대화 글쓰기, 2단계는 운전면허증 취득을 위한 코스와 도로주행처럼 글쓰기의 구성 패턴을 배우고 필사와 요약, 카테고리 글쓰기로 심화하고 응용할 수 있는 피라미 구성법, 3단계는 에세이, 보도자료, 보고서, 이메일, 자기소개서 등 각 양식의 특징과 작성비결. 운전면허를 따면 평생 도로를 운전할 수 있는 것처럼 글쓰기 3단계를 마스터하면 평생 실생활에 필요한 글쓰기를 하는데 어려움이 사라져요."

　저자는 글쓰기 3단계만 익히면, 운전면허증을 따는 것처럼 글쓰기가 쉽다고 말한다. 이러한 방법만 익히면 자동차운전면허증처럼 평생 자유자재로 써 먹을 수 있다고 강조한다. 나는 이 글을 읽으면서 나도 그렇지만 일반인들이 글쓰기의 두려움을 해소하는 데 좋은 책이라는 생각이 든다. 그리고 당장 운전면허증 따듯이 글쓰기 3단계를 익혀야겠다는 강한 동기를 받는다. 이 방법을 활용하면 일반적인 글쓰기뿐만 아니라 책 쓰기도 수월하게 할 수 있으리라는 확신이 든다. 어떤 기술이든지 기초가 제일 중요한 것이다. 건축물을 지을 때도 기초라고 하는 기둥 부분이 가장 중요하지 않던가?

우리가 글쓰기를 염두에 두고 읽기를 하려면 어떻게 읽어야 할까? 방법은 여러 가지가 있겠지만 기본은 무조건 많이 읽는 것이다. 많이 읽어야 하고 많이 써보아야 한다. 결국에는 인풋이 많아야 아웃풋도 많이 나올 수 있다. 물이 컵에 차야 넘치는 것처럼 인풋의 양을 키워야 아웃풋을 내는 건 상식처럼 되어 있다. 미국 작가 스티븐 킹 역시 『유혹하는 글쓰기』에서 가장 강조한 글쓰기 비법은 근본적으로 '많이 읽고 많이 쓰기'였다.

송나라 시대의 문장가 구양수도 글을 잘 쓰려면 "다문다독다상량(多聞多讀多商量, 많이 듣고 많이 읽고 많이 생각하라)"고 말했다. 이것이 세월이 흘러 지금은 다독다작다상량(多聞多作多商量, 많이 읽고, 많이 쓰고, 많이 생각하라)는 뜻으로 바뀌었다. 이른바 삼다설이다. 중학교 교과서에도 실려 있는 내용이다.

박경덕 작가가 쓴 『프로작가의 탐나는 글쓰기』에 나오는 내용을 정리해본다. 글쓰기를 업그레이드하는 기술 네 가지를 소개한다. "첫째는 간절하자. 둘째는 간결하자. 셋째는 명확히 하라. 넷째는 이야기하라. 예문 많은 글이 재밌다."이다.

작가 조지 오웰은 『정치와 영어』에서 명확한 글쓰기를 위한 6가지 지침을 제시했다. 전문 글쓰기를 위한 지침이다. 일반적인 글쓰기에서 참고할 점을 정리해봤다. 글쓰기에서 고려해야 할 중요한 사항을 지적하고 있다.

1. 인쇄물에서 자주 접하는 은유, 직유, 비유의 표현을 절대 쓰지 마라.
2. 짧은 단어로 충분한 곳에 긴 단어를 절대 쓰지 마라.
3. 단어를 줄일 수 있으면 최대한 줄여라.
4. 능동태를 쓸 수 있다면 수동태를 절대 쓰지 마라.
5. 일상적인 표현을 쓸 수 있다면 외래어, 과학 용어, 전문 용어를 절대 쓰지 마라.
6. 상스러운 표현을 쓰느니 차라리 이 다섯 가지 지침을 어겨라.

필사로 시작하자. "손은 머리보다 기억력이 좋다." "필사는 글을 몸에 새기는 문신과 같다." 이는 필사를 예찬하는 말들이다. 지식은 이해하면 내 것이 된다. 그러나 손에 기억시키고 몸에 새기기 위해서는 그 어휘, 그 문장을 이해하는 것만으로는 되지 않는다. 손으로, 몸으로 반복해서 써야 한다. 글쓰기 업그레이드를 위해서도 필사를 권한다.

다음은 '자기 생각을 메모하라'다. 책을 읽으면서 떠오르는 생각이나 아이디어 등을 메모해두지 않으면 사라진다. 아무리 좋은 생각과 아이디어라도 그 순간 메모해서 적어두지 않으면 없어지고 사라지는 것이 우리 인간의 뇌인 것이다.

원재훈 작가가 지은 『Restart, 다시 시작하는 글쓰기』에 나오는 문장을 인용해본다.

"메모가 글쓰기에 필요한 이유는 여러 가지다. 첫 번째로, 빈 원고지를 바라보는 막막한 심경에 '이것을 쓰라'는 조력자 역할을 한다. … 두 번째, 믿을 수 없는 기억을 눈에 보이는 증거로 남긴다. … 세 번째, 메모는 아이디어의 도구 상자다. … 마지막으로 메모는 목표한 것을 이루는 목적 실현의 첫 단계이기도 하다."

원재훈 작가는 책을 쓰면서도 나름 꼼꼼히 기획을 한 후 집필을 시작해도 글이 막힐 때가 있었다고, 그럴 때 메모 노트가 이정표 역할을 하며 큰 도움이 되었다고 고백한다. 또한 인간의 기억력이 의외로 빈약하다고 지적한다. 기억하고 있다고 생각했는데 메모를 확인했을 때 내용이 달랐던 적이 있다고 이야기하며, 기억을 믿지 말고 메모하라고 조언한다. 덧붙여 메모가 창조적인 아이디어를 만들 때가 많다고 이야기한다.

이상 간략하게 메모의 유용성을 알아보았다.

송숙희 작가가 쓴 『읽고 쓰기를 다 잘하고 싶은 사람이라면 지금 당장 베껴 쓰기』에 나오는 문장을 인용해본다.

"글을 잘 쓰는 사람은 자의든 타의든 늘 쓴다. 쓰기 위해 읽고 생각하고 쓴다. 쓴 다음 고쳐 쓰기를 수없이 반복한다. 반면 글을 아직 잘 쓰지 못하는 사람은 쓰기 책을 사다 나르고 쓰기 수업을 찾아다니며 쓰기 선생의 잘잘못을 한 두릅 꿰고 있으면서 정작 한 줄도 쓰지 않는다. 글을 잘 쓰는 사람은 글쓰기를 배운 적이 거의 없다. 쓰다 보니 잘 쓰게 되었고, 쓰다 보면 잘 쓸 수밖에 없다는 것을 몸소 알게 되었을 뿐이다.

글을 잘 쓰기 위해서는 반드시 글쓰기를 배워야 한다면서 쓰는 것을 뒤로 미루는 것과는 상반된 모습이다. 글쓰기는 문자를 배열하는 단독 행위가 아니다. 쓰기 위해서는 읽어야 하고, 읽으며 생각해야 한다. 생각한 것을 문자로 표현하는 일련의 행위가 쓰기다. 읽기와 생각하기, 쓰기가 하나의 메커니즘이다. 따라서 읽고 생각하고 쓰기가 하나 되는 훈련이 필요하다."

"글을 많이 써본 사람들이 이구동성으로 말하는 절대비결이 있다. 쓰다 보면 잘 쓰게 된다는 '백론이 불여일작'이다. 맞다. 베껴 쓰기를 하다 보면 글은 단순히 문자의 문제가 아니라 무엇을 어떻게 말하기 위해 어떤 메시지를 생산하고 배열하는가임을 알게 된다. 저절로."

"베껴 쓰기는 글을 잘 쓰기 위해 거쳐야 하는 연습 가운데 가장 기초 단계이다. 글을 잘 쓰려면 많이 읽어야 한다. 베껴 쓰기는 읽기 연습의 한 방법이다. 잘 쓴 글을 일일이 모방함으로써 잘 쓴 글, 잘 읽히는 글의 패턴을 몸으로 익힌다."

베껴 쓰기는 글쓰기에 유용한 필력을 향상시키는 한 방법으로만 알고 있었다. 하지만 송숙희 작가의 베껴 쓰기가 진정한 책 읽기 단계라는 것을 깨달았다. 글을 쓰기 위해서는 책을 많이 읽어야 하는데 이 경우 핵심적인 문장이나 느낌이 오는 문장을 베껴 쓰기 하는 것도 좋은 책 읽기 방법임을 알게 되었다. 작가는 책에서 '베껴 쓰기 할 때 가장 중요한 것은 무엇을, 어떤 내용을 베껴 쓰기 하는가'라고 말한다. 그러면서 일간지 논설위원의 기명 칼럼을 베껴 쓰기 하라고 권한다.

글쓰기를 염두에 두고 좋은 문장은 베껴 쓰고 사색을 통해 좋은 아이디어나 생각은 메모한다면 좋은 책 읽기와 동시에 좋은 글쓰기가 될 것을 확신한다. 나는 이번에 책 쓰기를 하면서 많은 책을 읽을 수 있었으며 책 쓰기를 염두에 둔 책 읽기를 하면서 메모하는 습관도 들이고 있다. 남들은 최소한 3년 이상 독서할 것을 요구하기도 한다. 하지만 내가 변화하고자 하는 마음을 가지고 꿈꾸고 갈망하면 3년이라는 세월과 1,000권이라는 권수는 절대적으로 필요한 것은 아니라는 생각을 하게 된다. 나는

4월 19일부터 책을 읽고 메모하며, 새벽 기상을 통해 변화를 꿈꾸고 간절히 성공을 바랐기 때문에 100일 정도에 불과한 시간에도 책을 쓸 수 있었고 그 동안 수많은 책을 읽어낼 수 있었다.

여러분도 나처럼 약 100일 정도만 자기에게 집중 투자하는 시간을 가진다면 여러분이 원하는 꿈을 실현할 수 있는 발판을 마련할 수 있으리라 확신한다. 나처럼 말이다.

06

읽은 책은 서평이나 SNS로 공유하라

서평이란 무엇인가? 우리는 대부분 서평을 써보지 않았다. 나 역시도 지금까지 서평에 대해 자세히 알지 못했다. 그래서 가장 쉽게 설명한 천재학습백과 초등국어용어사전을 참고해보았다. 서평이란 '책의 내용과 특징을 소개하거나 책의 가치를 평가한 글'이라고 되어 있다. 서평에는 소개되는 책에 대한 정보와 평가 등이 담겨 있다. 즉, 등장하는 인물이나 책의 줄거리, 책을 쓴 작가에 대하여 소개하는 내용과 책을 읽은 소감, 책의 내용이나 가치에 대한 평가 등이 들어 있는 것이다. 책에 대한 소개와 평가는 사람마다 다를 수 있기 때문에 같은 책에 대한 서평이라도 여러 편을 읽으며 비교해보는 것이 좋다.

또한 위키백과에 나온 설명을 참조해본다.

"서평(book review)은 일반적으로 간행된 책을 독자에게 소개할 목적으로 논평(comment)이나 감상(impression) 등을 쓰는 문예평론의 한 형식이다. 또한 위와 같은 고전적인 개념과 함께, 현재는 일반 문자 표현으로 결정되지 않는 상태로, 서평으로 내용이 나오는 구두 코멘트(주로 TV, 라디오 등) 등도 보조개념으로 이에 포함하는 경우가 많다. 비슷한 말로 독후감(또는 독후감상문)이 있는데, 독후감은 어떤 서적을 읽고 난후에 적는 느낌(소감, 감상), 또는 내용에 대한 느낌을 적은 글을 말한다. 독후감은 줄거리 위주이다."

서평과 독서감상문(독후감상문)은 어떻게 다른가?

『정선화의 교실 밖 글쓰기』에 나온 내용을 인용해본다.

"한자 뜻부터 한번 살펴보자. 독후감(讀後感)은 한자 그대로 책을 읽은 후 감상을 쓰는 글이다. 서평(書評)은 한자를 풀어보면, 책을 평가한다는 의미가 있다. 두 가지 모두 책을 읽고 써야 한다는 점은 공통점이다. 그리고 글을 쓸 때 '주관적인 감성'과 '객관적인 지식' 모두를 담는다. 하지만 독후감은 책을 읽고 난 후의 감성과 주관이 잘 드러나도록 쓰는 데 반해, 서평은 책과 저자에 대한 지식과 정보, 책의 주제 등 객관적인 내용이 더 잘 보이도록 쓴다."

나름대로 정리하자면, 독후감은 '자기를 기준으로 책을 읽고 느낀 바를 적는다는 주관적인 내용이 많이 들어간 반면, 서평은 서론, 본론, 결론의 형식을 취하고, 주관적이기보다 객관적인 면에서 평가를 하고 나의 생각, 느낌을 정리한다'고 보면 되지 않을까 한다.

독서와 마찬가지로 서평도 쓰는 습관을 들이는 것이 중요해 보인다. 책을 읽으면 일단 한번 짧게라도 서평을 쓰는 것에 도전해보자. 뭐든지 첫발을 내딛기가 어려운 것이지 한번 해보면 잘할 수 있을 것이다. 처음부터 잘하려고 할 필요도 없다. 부족한 것은 쓰면서 채워가면 될 일이다.

그러면 서평은 어떻게 쓰는 걸까? 서평에 대한 글을 한 번도 해보지 않은 분들을 위해 이원석 작가가 지은 『서평 쓰는 법』에 나온 내용을 정리해본다.

첫 번째는 일단 생각하라. 서평을 위한 독서는 기본적으로 정독이다. 정밀하게 읽고 깊이 있게 파고들어, 한 번을 읽더라도 제대로 천천히 읽어야 한다. 책의 내용이 깊거나 어렵다면, 더욱 그래야 한다. 슬로푸드가 우리 건강에 유익하고, 슬로 라이프가 우리가 꿈꾸는 삶이라면, 슬로리딩은 우리 영혼을 위한 독서이다. 동시에 좋은 리뷰의 전제이기도 하다.

두 번째는 지금 바로 글을 써라. 다음은 좋은 서평을 참고하라. 얼마나 쓸 것인가? 기본적으로는 A4용지 한 장 정도가 적당할 것이다.

그렇다면 이 책에서 말하는 서평을 쓰는 목적은 무엇일까?
첫 번째는 서평과 독자 자신의 관계이다. 책을 읽은 후에도 독자의 이해와 해석은 계속된다. 그리고 그 해석이 말과 글을 통해 정리되어야 독서가 끝난다. 두 번째는 서평과 자아 성찰이다. 서평 쓰기의 1차 과제는 독자의 성찰이다. 서평 쓰기는 독자가 몰랐던 자신의 내면을 파악할 수 있도록 해준다. 독서 자체가 자기 성찰의 과정이지만, 서평 쓰기는 심화된 독서 행위이기 때문에 더욱 깊은 성찰을 할 수 있게 한다. 세 번째는 서평과 삶이다. 진정한 독서의 종결은 삶에서의 실천이다. 네 번째는 서평과 잠재 독자의 관계이다. 서평은 관계적이다. 서평은 책과 잠재 독자를 연결하는 매개가 된다. 잠재 독자와의 대화인 것이다.

서평의 요소를 살펴보자.
첫째는 요약이다. 서평의 핵심 요소는 요약과 평가이다. 앞서 말했듯이 요약 없는 서평은 맹목적이고, 평가 없는 서평은 공허하다. 서평의 토대는 독서의 첫 결실 또는 평가가 아니라 요약이다. 둘째는 평가이다. 서평의 핵심은 '평'이다. 곧 값을 매기는 것이다. 달리 말하면, 비교다. 비교란 다른 것과 견주어 가치를 매기는 것이다. 평가는 선택, 옹호 혹은 배제이다. 이렇게 견주고 매기려면 기준을 세워야 한다.

우리가 읽은 책에 대해 서평을 쓰거나 SNS에 올리는 이유는 무엇일까?

기억에 오래 남기는 방법인 것이다. 서평을 쓰거나 SNS에 기록을 해놓으면, 기억에서는 사라질지 몰라도 기록으로 남아 있기 때문에 언제든지 소환하여 다시 볼 수 있다. 이것이 서평이나 SNS에 기록하는 장점이다. 나는 아직 서평은 올려보지 않았다. 그러나 이 책을 쓰면서 서평을 쓰는 것이 글쓰기 능력을 향상시키는 데에도 많은 도움을 준다고 하니 필히 써볼 것이다. 그리고 SNS에 올리는 것은 이제 이 시대의 숙명이 되어간다. 블로그는 오래전부터 운영해왔지만 꾸준하지 못한 탓에 지속하지 못하는 문제가 있었다. 1일 1포스트가 쉬운 일은 아니나 그래도 양질의 콘텐츠 생성을 위해서는 일주일에 세 번 이상은 써야겠다. 페이스북도 채널만 개설해놓고 제대로 활용을 못 하고 있으나 이번 기회로 다시 한번 시도해본다. 인스타그램도 채널 개설 중이지만 비활성화되어 있으니, 다시 한번 정비해볼 예정이다. 책을 읽고 서평을 쓰거나 SNS로 공유하는 것은 남과 함께하는 것이고 같이 살아가는 공동체와 더불어 살아가는 것이다. 혼자보다는 다수가 함께 공유하면서 살아갈 때 인생은 더 행복해질 수 있다고 생각한다. 독서를 통해 나눔을 실천하고 나로부터 비롯되는 삶의 변화를 주위 사람들과 함께할 때 그 가치는 빛을 발할 것이다.

허필선 작가가 지은 『독서는 어떻게 삶의 무기가 되는가』에 나오는 말을 인용해본다.

"필자는 서평으로 블로그를 시작했다. 그리고 단언컨대 필자는 서평을 쓰는 것이 글쓰기 최고의 연습이라고 생각한다. 서평 쓰기가 어려운 만큼 기쁨도 더하다. 서평은 한 줄만 쓰면 된다."

오늘부터라도 책을 읽고 나서는 서평을 쓰거나 SNS에 올리자. 이러한 작은 정성과 노력이 나중에는 커다란 성과로 보답할 것이다. 이러한 서평이나 SNS의 글을 모으면 하나의 책이 탄생할 수 있는 것이다. 이 얼마나 가슴 뛰는 일인가? 우리 다 같이 서평 쓰기와 SNS에 글을 올리는 것을 시작해보면 어떨까?

07

같은 주제의 책을 여러 권 읽는
수직적 독서를 하라

책은 어떻게 읽는 게 더 효과적일까?

같은 주제의 책을 여러 권 읽는 수직적 독서를 하라. 이 문장이 의미하는 것은 무엇일까? 우리가 인생을 살아가다 보면, 여러 가지 해결하기 어려운 문제에 봉착하게 된다. 이럴 때 우리는 전문가를 찾는 경우도 있고, 주위의 친구, 친척 등 아는 사람을 동원해서 문제를 해결하려 할 것이다. 그런데도 문제가 해결되지 않는다면 어떻게 할까? 이때 책을 찾아보는 경우이다. 책은 여러분도 아시다시피 오랜 옛날부터 내려오는 지식이나 지혜, 그리고 깨달음 같은 것이 집대성되어 전해져 내려오는 경우가 많다.

한 가지 주제에 대한 문제의 해결책을 찾기 위해서는 적어도 10여 권을 읽는 수직적 독서를 하는 것이다. 수평적 독서는 여러 분야의 책을 골고루 골라서 읽는 방법을 말한다면, 수직적 독서는 깊이 있게 하나의 주제를 가지고 여러 권의 책을 읽음으로써 심층적인 해답을 얻고자 할 때 사용되는 독서법이라고 할 수 있다.

나도 인생의 풀리지 않는 의문이나 숙제 같은 문제에 대해 책을 사보곤 했었다. 하지만 지금처럼 이러한 수직적 독서 방법을 알지 못했기 때문에 그 당시에는 한두 권 사서 읽고는 지나가버린 경우가 태반이다. 그러다 보니 문제에 대한 해답을 찾지 못하고, 결국에는 인생의 어떠한 변화도 이루지 못했던 것이 현실이다. 이처럼 수직 독서에 대한 내용을 알고 있었다면 과거에 훨씬 더 많은 문제에 대한 해답을 찾았을 것이고, 지금보다는 더 잘 살지 않았을까 하는 회한이 들기도 한다.

지금 나는 독서법과 관련한 책 쓰기를 하고 있어서 독서법에 관한 책을 열 권이 아니라 40~50권 정도를 보고 있다. 책을 쓰기 위한 독서법은 달라야 하기 때문에 처음부터 끝까지 다 읽지도 않는다. 또 그렇게 읽을 필요도 없고, 읽을 시간도 없다. 책 쓰기에 필요한 소제목을 찾아서 핵심적인 내용만을 뽑아가면서 읽고 있는 것이다. 이렇게 읽는 것이 진정한 수직적 독서이다.

권영식이 쓴『품위 있는 삶을 만드는 다산의 독서 전략』에 나오는 내용을 살펴보자.

"다산은 아들에게 양계를 해도 무작정 생업에 몰두하는 촌사람의 양계를 하지 말라고 당부했다. 먼저 농서를 읽고, 건강하면서도 알도 잘 낳은 닭을 기르기 위해 고민하라고 했다. 시간이 나면 닭을 주제로 시도 쓰고, 닭의 모습도 그려보라고 권했다. 그러고 나서 꼭 해야 할 일에 대해 언급했다. 양계를 하는 백성들에게 도움을 줄 수 있도록 닭 기르는 법을 다룬 책 한 권을 만들라고."

다산이 말한 위 내용을 보면, 다산이 독서를 할 때에도 양계에 대해서 다양하게 읽고, 연구하고 몰두하는 수직적 독서를 강조했다는 사실을 알 수 있다. 더 나아가 다양한 책을 읽고 깨달은 양계 방법을 책으로 엮어낼 것을 권하고 있는 것이다.

나의 경우를 보더라도 고시 공부를 하다가 건강상의 문제로 중단하고 공인중개사 자격증을 취득하여 부동산 사무소를 할 때다. 인천 구월동시장 인근에 사무소가 위치해 있어서 빌라와 주택, 아파트 외에 상가를 취급하였다. 그래서 나는 상가에 대한 전문적인 업무를 익히기 위해 법률중개사라는 LBA 과정을 이수했다. 이와 더불어 상가와 관련된 책을 10여 권 사서 공부한 적이 있다. 그러다 보니 웬만한 상가 물건을 취급하는

데 어려움이 없었다.

그것을 계기로 중개수수료 2,000만 원짜리 상가도 중개하는 쾌거를 이룬 바가 있다. 상가에 관한 전문가로서 중개를 할 수 있는 자신감과 능력을 얻은 것이다. 이때 내가 읽은 방법이 상가에 관한 지식을 습득하기 위해 읽은 수직적 독서인 것이다.

또한 지금 내가 쓰고 있는 독서법 관련 책도 독서법과 관련한 수십 종의 책을 사고 책 쓰기에 활용하고 있기 때문에 수직적 독서라고 할 수 있다. 독서법 관련 책이라지만 저자에 따라 다른 시각과 생각을 갖고 있기 때문에 비슷하면서도 똑같은 내용은 거의 없다. 조금씩 다르다고 볼 수 있다. 독서법은 사람마다 다를 수 있다고 본다. 자신에게 맞는 독서법은 스스로 찾아야 한다. 남들이 좋다고 하는 독서법은 단지 나의 독서법을 찾기 위한 참고자료일 뿐이다. 좋은 것은 취하고, 나에게 맞지 않다고 생각되면 버리면 되는 것이다.

박상배 저자가 지은 『본깨적』에 나오는 독서법을 정리해본다.

"삶을 변화시키는 본깨적 책 읽기는 기본적으로 병렬독서를 바탕으로 한다. 책을 한번 읽는 것만으론 책 내용을 온전히 기억하기 어려워 반복해서 읽는 재독을 권하기 때문이다. 재독은 최대 네 번 정도 해야 오랫동안 책 내용을 기억할 수 있다고 한다. 재독을 충실히 할 경우 새로 읽기 시작하는 책 이외에도 몇 권이 책을 재독해 병렬독서를 하는 효과가 난다. 한꺼번에 여러 권을 읽으면 혼란스러워 어느 책의 내용도 제대로 이해하지 못하는 것이 아니냐고 걱정하는 분이 있다. 걱정하지 않아도 된다. 병렬독서에는 크게 비슷한 주제를 다룬 책들을 여러 권 함께 읽는 수직적 병렬독서와 완전히 다른 주제를 다룬 책들을 읽는 수평적 병렬독서가 있다. 비슷한 주제를 다룬 책들을 동시에 읽으면 주제를 심도 있게 이해하는 데 도움이 된다. 이에 비해 수평적 병렬독서는 책의 주제가 다 달라 골치 아플 것 같은 느낌이 들 수 있다. 하지만 뇌는 우리가 생각하는 것보다 훨씬 유연하다. 다양한 주제를 접하면 어려워하고 혼란스러워하기 보다 재미있게 받아들이기 때문에 인식의 범위를 확대하고 통찰의 힘을 키우는 데 도움이 된다."

나는 '본깨적' 독서법을 읽으면서 저자가 말하는 수평적 병렬독서와 수직적 병렬독서의 조화로운 독서를 하라는 말에 일부 동의를 한다. 하지만 독서가 아직 스스로 수준급이 아니라고 생각한다면 먼저 수직적 병렬독서부터 하라고 하고 싶다. 나 또한 수직적 병렬독서로 이 책을 쓰고 있으니 말이다. 그리고 난 연후에 수평적 병렬독서를 해도 늦지 않다는 생각을 한다. 그리고 난 후에는 수평적 병렬독서로 한 분야에서만이 아닌 통합적 독서를 통한 삶의 변화를 이루는 독서가 진정한 독서가 아닌가 하는 생각을 해본다. 특히나 요즘은 창의력이 존중되는 사회이다 보니,

창의력이나 상상력 같은 아이디어를 많이 내는 것은 수평적 병렬독서에서 가능하기 때문이다. 통합과 다른 것의 융합을 통해 새로운 아이디어를 얻는 경우가 비일비재하기 때문이다. 그러니 수평적 병렬독서로 나아가는 것도 좋은 방법일 것이다.

기성준 작가가 지은 『독서법부터 바꿔라』에 나오는 독서법을 살펴보자.

"차원이 다른 통합적 독서로 이르는 독서의 단계. 1단계는 초보적 독서이다. 이 시기에는 습관과 관련된 책이나 시간 관리에 관련된 책을 3권 읽기를 추천한다. 2단계는 수평적 독서이다. 다양하게 책을 읽는 단계이다. 추천하는 것은 꿈에 관한 책이나 에세이와 같은 편하게 읽을 수 있는 책 5권 읽기를 추천한다. 이 단계에서는 책의 흥미를 느끼고 독서 습관을 잡기 위한 단계이다. 여기까지는 기초적인 독서 단계로, 흥미지향성 독서라고 볼 수 있다.

3단계는 수직적 독서이다. 평소에 관심과 흥미를 가진 분야 중 한 분야를 선택하여 깊이 있게 탐구하는 것이다. 한 분야의 책 열 권 이상을 미친 듯이 파고들 수가 있다. 4단계는 통합적 독서이다. 같은 분야가 아닌 다른 분야의 책 열 권을 읽어보는 것이다. 특별히 단기간에 열 권의 책을 읽기를 권한다. 통합적 독서를 하는 독서가들은 많은 책을 읽은 것을 바탕으로 인문 고전과 접목시켜 지혜와 통찰을 얻는 것이다."

수직적 병렬독서는 기성준 작가가 말하는 4단계 독서법 중에서 3단계에 해당되는 것을 알 수 있다. 기성준 작가도 얘기했듯이 3단계 수직적 독서부터는 독서의 전략이 필요하다고 역설하고 있다. 내가 생각하기로는 2단계 수평적 독서와 3단계 수직적 독서는 어느 것을 먼저 해도 될 것이다. 본인의 독서 방법에 따라 달리해도 될 것이다. 결국에 중요한 것은 어떻게 읽든 삶에 변화를 동반하는 독서가 되어야 한다는 것이다. 책을 읽고 나 자신이 변화되는 그러한 독서가 진정한 독서라고 생각하기 때문이다.

브랜던 로열 작가가 쓴 『탄탄한 논리력』에 의하면, "창의적으로 생각하는 것은 '뒷문으로 돌아서 돌아가는' 것과 비슷하다"고 했다. 종종 창의적 사고는 수평적 사고와 같은 의미로 사용된다. 전통적인 수직적 사고는 똑바로 나아가는 것이다. '틀 안에서' 생각하는 방식이다. 정해진 흐름을 따라가는 강물이라고 한 데 비해, 창의적 수평적 사고는 옆길로 돌아가는 것이다. '틀 밖에서' 생각하는 방식이다. 흘러넘쳐 새로운 방향으로 나아가는 강물이라고 했다.

나는 이 문장을 읽으면서 독서에서의 수직적 독서가 논리에서의 수직적 사고와 동일함을 인식할 수 있었다. 그리고 수평적 사고가 수평적 독서와 연결됨을 알 수 있었다. 기억에 오래 남는 독서의 기술로만 본다면 수직적 독서가 반드시 필요하다. 나는 책 쓰기를 하면서 독서와 관련된 책 50여 권을 읽었다. 이것이 수직적 독서의 대표적인 방법이 아닌가?

하지만 여기서 더 나아가 나를 변화시키고 성장시키는 독서를 하려면 수직적 독서를 넘어 수평적 독서와 함께 통합적 독서로까지 나아가야 하지 않을까 하는 생각을 해본다.

자, 이제 여러분도 나와 함께 수직적 독서를 해보면 어떨까?

Dream
Challenge!

Dreams
Come True!

CHAPTER 5

한 권을 읽더라도 생산적인 독서를 하라

01

내 삶을 변화시킨 기적의 독서 습관

내 삶에 변화가 없었다면 지금쯤 어떻게 생활하고 있을까?

아마도 아침에는 늦게 일어나서 몸이 찌뿌둥할 것이고, 구순을 바라보시는 어머님한테 잔소리를 들으며 수동적인 인간으로 살았을 것이다. 생활은 규칙적이지 않고 생각대로 살지 못하고 사는 대로 생각하며 살아갔을 것이다. 버릇처럼 방에 들어오면 TV 리모콘으로 방송국 채널을 마구 돌리며 흥미와 재미를 찾아 불나방처럼 헤맸을 것이다. 독서는 어쩌다 시간이 나면 취미로 읽고, 또 다른 책을 보면서 '읽었다'는 것에 포만감을 가지며 살았을 것이다. 독서에서도 책을 읽으며 재미있는 책은 재미있다고 생각하고 더 이상 생각도 실천도 하지 않고 깨달음도 없이 알고 있다고 착각하는 독서를 반복했을 것이다. 그리고 그 앎이라는 것조차도 머리에 잠시 남아 있다가 시간이 되면 사라져갔을 것이다. 그러니 아무리 책을 많이 읽는다고 한들 내 삶에 변화가 일어날 수가 있었겠는가?

세월은 흘러 벌써 육십을 바라보는 나이가 되어버렸다. 마음은 아직도 이팔청춘이건만 신체의 변화와 흰머리는 세월의 흔적을 지울 수 없다.

그렇게 시골에 내려온 지도 벌써 근 3년째다. 온라인 사업이며, 자격증 공부도 지지부진했다. 그래도 사회복지사 2급 자격증을 취득하였으니 인생 제2막을 위한 준비는 잘되어갔다. 그래서 올 4월부터는 나의 꿈을 모두 내려놓고 현실에 적응하며 제대로 사회복지사로서 직장 경험을 하면서 돈을 벌어보려고 했다. 하지만 나이도 나이려니와 목소리 장애 때문에 취업이 결국 무산되고야 말았다. 나는 인생의 막다른 골목에 도달한 것이었다. 하지만 나는 좌절하지 않았고 그곳에서 한 줄기 희망의 빛을 발견했다. 그것은 다름 아닌 독서였다. 그리고 독서 모임에 대한 오픈 채팅방을 여기저기 찾아 헤매었다. 그러다 발견했다. 인생의 막다른 골목에서 찾은 나의 간절한 꿈이 작은 욕망이 되어 활활 타오르기 시작했다.

우연히 만나 필연이 되어버린 〈한책협〉 김도사님을 만나서 1일 특강을 듣고, 책 쓰기 과정을 수강하게 되었던 것이다. 이것을 계기로 김도사님이 지은 많은 책들 중에 나의 머리를 강타한 책이 있었다. 그것은 바로

『새벽 5시 필사 100일의 기적』이란 책이다. 이것을 접하면서 저녁형 인간이었던 내가 새벽형 인간으로 탈바꿈하게 되었다. 이것이 계기가 되어 나는 인생의 터닝포인트를 맞았고, 지금도 아침 독서를 하는 습관을 들일 수 있었다.

변화는 어떻게 이루어지는 것일까?

허필선 작가가 지은 책『독서는 어떻게 삶의 무기가 되는가』에 따르면 변화에는 6단계가 있다고 한다.

"1단계는 인지단계로 내가 알고 있는 것과 모르고 있는 것을 명확히 아는 것이다. 2단계는 질문단계로 내가 모른다는 것을 인지하고 나에게 질문하는 것이다. 3단계는 사색단계로 질문에 대한 나의 마음을 관찰하는 것이다. 4단계는 답을 찾는 단계로 사색의 결과로 깨달음을 얻고 나만의 답을 찾아내는 것이다. 5단계는 기록단계로 찾은 답을 잊기 전에 기록해 형태를 유지하는 것이다. 6단계는 행동단계로 자신이 찾은 답에 따라 변화된 모습으로 살아가는 것이다."

나는 이 글을 읽으면서 변화를 추구하는 것은 인간의 본성이구나 하는 것을 깨달을 수 있었다. 세상의 모든 만물은 변화하면서 발전하고 성장한다. 이러한 예는 식물이나 동물에서 볼 수 있다. 식물의 경우를 보더라도 살충제나 농약을 논이나 밭에 많이 살포하는데 그래도 안 죽고 살아나는 풀들을 보면서 저러한 식물들도 살기 위해 변화를 시도하고 환경에 적응하며 살아가는 것을 느낄 수 있었다. 동물의 경우도 혹독한 지구의 환경 속에서 멸종하는 동물이 있는 반면에 환경에 적응하면서 새로운 종으로 변화하여 생명력을 유지 발전하는 동물을 볼 수 있다. 지금 우리가 겪고 있는 코로나19 바이러스조차도 자신의 생명력을 유지하기 위해 스스로 변이 바이러스를 만들어 변화하고 생존을 꾀하고 있지 않은가? 그러니 만물의 영장이라는 인간이 변화를 두려워한다고 해서야 말이 되겠는가? 하지만 실제로는 인간이라는 것이 변화를 즐겨하지 않는다는 것이다. 온실 속 화초처럼 아무런 시련과 걱정이 없으면 얼마나 좋겠는가? 실제로는 누구나가 인생의 희로애락을 겪는다. 어찌 보면 인간만큼 이 지구상에 나약한 존재도 없을 것이다. 하찮고 힘이 없어 보이는 모기나 우리 눈에 보이지도 않는 아주 작은 바이러스라는 것들에게 인간들은 목숨까지 빼앗기지 않던가?

우리 인간이 이 지구의 만물을 지배하는 영장으로 존재하는 까닭은 생각하는 두뇌가 다른 동물보다 우수해서인 거 아닌가? 우리는 나의 존재의 나약함을 인식할 수 있기에 질문할 수 있고 질문에 답을 찾기 위해 사색하며, 찾은 답을 기록하고 행동으로 옮김으로써 변화를 꾀하며 발전하는 것이다. 이러한 것은 독서에서도 마찬가지가 아닌가. 독서를 시작하면서 내게 부족한 것이 무엇인지, 내가 관심을 갖는 분야가 무엇인지 인식함으로써 먼저 책을 선택하게 된다. 그리고 책을 읽으면서 질문을 만들어보고 책을 읽으면서 혹은 읽고 나서 사색한다. 그리고 답을 찾아보고, 그 깨달음을 기록하고 메모하면서 나의 행동으로 실천을 하면서 나의 삶이 바뀌는 것을 알 수 있는 것이다. 지식은 도처에 널려 있으나, 모든 지혜는 내 안에 있는 것이다. 질문을 통해 사색하면서 내린 답이 지혜가 되고 깨달음이 되는 것이다.

『내 삶을 변화시킨 기적의 독서 습관』이라는 제목에서 기적은 어떤 의미일까?

자연 현상이나 인간 생활 속에서 기적적인 일을 가끔씩 경험하게 된다. 기적은 자주 일어나지 않는 드문 현상이라고 볼 수 있다. 나의 인생을 변화시킨 기적의 독서 습관도 일생일대의 기적적인 사건이라 말할 수 있다.

『미라클 모닝』에서는 내 삶의 열정과 희망을 발견하는 시간으로 아침 6분을 말하고 있다.

"1분: 눈을 감은 채 고요한 침묵 속에서 오늘 하루에 집중하는 시간이다. 2분: 성취목표, 목표가 중요한 이유, 실행 방안과 시기 등을 되새기며 확신의 말을 한다. 3분: 오늘 완수해야 하는 중요한 과제를 시각화한다. 4분: 눈을 뜨자마자 바로 할 수 있는 운동을 실행한다. 5분: 책을 들고 한 단락이든 한 쪽이든 읽는다. 6분: 일기장을 꺼내 감사하게 여길 만한 것을 한 가지라도 적는다."

나는 이 글을 읽으면서 습관을 들이는 데 어떤 의식이 중요하다는 생각을 해보았다. 많은 시간도 아니고 단 6분 만에 아침의 기적을 이루는 미라클 모닝을 실천해야겠다는 생각이다. 많은 것을 하려고 하지 말고 한두 가지라도 꾸준히 하는 것이 바로 습관인 것이다.

내 삶의 변화를 가져온 기적의 독서 습관은 올 4월부터 독서를 다시 집중적으로 시작하면서 가능해졌다. 코로나19로 인한 언택트를 넘어선 온택트 시장으로 변함에 따라 독서 모임도 온라인에서 빠른 속도로 퍼지고 있었다. 어떠한 행동이 습관이 되기 위해서는 21일이 필요하다고 한다. 나는 지금껏 60일 넘게 새벽 5시에 기상하고 아침 루틴을 반복하고 있다. 내게 불가능하게만 느껴졌던 새벽형 인간으로 변해 놀라운 독서 습관을 갖게 된 것 모두가 하나의 기적이다.

"기적은 하나님이 만들어주는 것이 아니라, 스스로 기적이 되어야 한다."라는 말도 있듯이 이제는 나도 스스로 기적이 되고자 한다. 책 쓰기 과정을 통해 이렇게 작가로 거듭나는 것 역시 나에게 기적인 것이다.

나의 기적의 독서 습관을 말해보자면, 나는 매일 아침 5시에 기상한다. 그리고 곧바로 일어나지 않고 침대에서 10분간 스트레칭을 한다. 그런 다음 양치질을 하고 세수를 한다. 다음은 운동화를 신고 밖으로 나가서 간단한 준비 운동을 하고 걷기 운동을 약 40분가량 한다. 소요 거리는 3~4km쯤 된다. 돌아와서는 1시간가량 독서를 한다. 그리곤 나머지 30분은 블로그에 전날 읽었던 책의 서평을 쓰든가, 희망일기를 쓴다. 이렇게 아침 2시간을 온전히 나를 위한 시간으로 활용하고 있으며, 기적의 독서 습관은 오늘도 이어지고 있다.

02

내가 변하지 않으면
아무도 변하지 않는다

이 세상에 변하지 않는 것이 있을까?

이 지구상에 존재하는 동물이나 식물들 모두는 진화하기 위해 조금씩

변해가는 건 아닌지? 그런데 우리 인간들을 보면 변화를 두려워하거나,

변화를 거부하려는 사람이 있다. 아마도 그런 사람들이야말로 게으르고,

나태한 사람들이 아닐까?

인간은 천성적으로 변화를 싫어하는지도 모른다. 왜냐하면 한마디로

말한다면 변화를 하는 것은 에너지를 소모하며, 피곤해지기 때문이라고

도 한다. 하지만 살아 움직이는 동식물은 변화를 시도한다. 그것이 진화

의 흔적이고 방향인지도 모른다. 하물며 인간이 변화를 하지 않는다면 이 또한 죽은 목숨이나 마찬가지가 아닌가?

어떤 변화도 그 시작은 작은 데에서 비롯된다. 이러한 변화는 즐기는 마음으로 해야 효과가 있다. 24시간은 누구에게나 주어진다. 이를 분으로 환산하면 1,440분이다. 1%면 약 15분이다. 이 15분을 어떻게 사용하느냐에 따라 변화는 시작될 것이다. 작게 시작하는 것이 얼마나 중요한 것인지 작은 것을 무시하면 안 된다. 어느 날 라디오 프로그램을 듣는데 지구온난화로 지구가 더워져 기상 이변이 자주 일어난다고 한다. 계절과 무관하게 홍수며 지진이며 폭설 등이 자주 일어나 인간에게 재앙을 안기고 있다. 이는 인간에 대한 경고를 하고 있는 것이다. 전문가에 의하면 지구 온도가 지금보다 2도가 올라간다면 지구상의 절반의 생명체가 사라질 수 있다고 한다. 이러한 사태가 발생한다면 인간도 살기가 어렵다는 것이다. 지구 환경의 변화는 인간 생활과 밀접히 관련된 식량 등의 자원 문제와 함께 질병이라는 사회 문제까지 영향을 줄 수 있다는 것이다.

나는 『누가 내 치즈를 옮겼을까』라는 책을 통해 사람은 스스로가 변하지 않으면 세상의 어떤 것도 변화하지 않는다는 사실을 깨닫게 되었다. 사람은 누구나 자신보다는 타인이 변하기를 바란다. 하지만 정작 자신은 변하지 않고 남 탓을 하면서 자신의 변화를 거부하는 경우가 많다. 그러니 변화를 원한다면 스스로 변해야 한다. 이는 독서에서도 마찬가지다. 독서를 통해 스스로 자신이 변하지 않고서는 독서를 타인에게 권할 수는 없는 일이기 때문이다. 성공을 꿈꾸는 자는 결코 주위 환경이나 여건을 탓하면 안 된다. 변화하는 환경에 스스로 적응하고 발 빠르게 변화에 대응하는 자세가 무엇보다도 중요한 것이다.

나는 새벽 기상을 통해 나의 변화를 감지하게 되었고, 독서를 통해 내 삶이 변할 수 있다는 확신을 갖게 되었다. 저녁형 인간에서 아침형 인간으로의 변화는 내가 스스로 한 것이기에 더욱 빛을 발한다.

부부 사이도 마찬가지다. 아내는 자신이 생각하는 바를 꺾지 않는 고집이 센 사람이다. 이에 비해 나는 착하고 온순한 선비 같은 사람이다. 그러다 보니 서로 의견이 맞지 않는 경우가 태반이다. 그럴 때마다 나는 지는 게 이기는 것이라는 말을 되새기며 항상 져주면서 살고 있다. 아내는 명랑하고 쾌활해서 성격이 나와 정반대인데, 처음 만나서 이런 면이 좋다고 생각해서 매력으로 다가왔다. 오히려 같은 성격보다는 서로 다른 성격이 서로 잘 맞추어 가면서 살면 좋겠다는 생각을 했었다. 하지만 그것은 나의 완벽한 착각이었다. 왜냐하면 사람의 성격은 절대 바뀌지 않는다는 것을 깨달은 것은 결혼 후 얼마 지나지 않아서였다. 그래도 일말의 기대를 안고 성격을 바꾸어보려 했지만 헛수고였다. 그 당시에는 내가 아내의 성격을 바꿀 수 있다고 잘못 생각한 것이다. 그래서 이제는 상대를 있는 그대로 보고 나 스스로 변하고 보니 마음이 훨씬 가벼워졌다. 나 스스로 변화를 하다 보니 상대의 결점은 크게 문제가 되지 않아 보였다. 그만큼 객관적으로 보는 시야가 넓어졌다고 볼 수 있다. 이러한 사실을 통해 '내가 변하지 않으면 아무도 변하지 않는다.'라는 사실을 새삼스럽게 깨달았다. "세상은 늘 그대로인데 변하는 것은 우리"라는 노래 가사도 있지 않던가? 인생의 주인공은 누구인가? 바로 나 자신이다.

나 스스로 변화하겠다는 다짐을 하자. 그렇지 않으면 절대로 변화하는 일은 없을 것이다.

『나를 바꾸는 연습』을 쓴 오히라 노부타카는 "첫 페달을 밟지 않으면 다음의 전개는 절대로 발생하지 않는다."라는 말로 자신부터 변화가 시작되어야 함을 강조하고 있다. 첫 페달을 밟는 시간은 10초면 충분하다.

이는 독서에서도 인생에서도 마찬가지인 것이다. 독서도 내가 변화해야겠다는 생각을 가지고 책을 골라서 읽고, 책에 나와 있는 대로 실행을 하면서 변화하고자 한다면 반드시 변화될 것이다. 누가 변하라고 해서 변하는 것이 아닌 내가 스스로 변화하겠다는 생각이 행동을 만들고 그러한 행동이 습관이 되고, 습관이 운명이 되면 인생은 바뀌는 것이다. 그러니 생각이 인생을 바꾼다고 말할 수 있을 것이다. 나 스스로 바뀌어야만,

남을 바꿀 수 있고, 세상도 바꿀 수 있는 것이다. 나로부터의 작은 변화가 세상을 바꿀 수 있다는 커다란 포부를 가지고 지금 당장 독서를 통해 실행을 해보자.

우리가 배워야 할 것은 공부가 아니라 독서다. 평생 독서를 통해 위대한 사람이 될 수 있음을 다시 한번 깨닫게 된다. 세상의 온갖 지식과 지혜를 독서를 통해 얻고, 깨달음을 통해 진리로 나아간다면 나와 세상은 지금보다도 훨씬 더 윤택해지고 아름다운 미래가 되지 않겠는가? 자, 여러분! 이제 나와 함께 독서를 통해 나를 바꾸는 대장정에 지금 바로 동참해보면 어떨까?

03

더불어 함께 책 읽기,
나누면 행복은 두 배가 된다

사람은 타인과 함께 생활하는 사회적 동물이다. 사람은 누구나 혼자 살 수가 없다. 태어날 때는 혼자서 태어나서 세상을 살아갈 때에는 여러 사람과 어울려 생활하다가 갈 때에는 혼자 가게 된다.

고대 그리스의 철학자 아리스토텔레스는 '인간은 사회적 동물'이라고 말했다. 즉 인간은 혼자서는 살 수 없다는 뜻으로 사회라는 공동체를 형성해서 그 안에서 관계를 형성하며 살아간다는 의미이다. 인간은 절대 혼자서는 살아갈 수 없는 동물이다. 혼자 살기에는 인간은 너무나 허약하고 힘이 없는 존재인지도 모른다. 그래서 인간은 오래전부터 함께 살아오면서 공동체를 형성하고 함께 외부의 적을 막아내면서 살아온 것이다. 그러다 보니 알게 모르게 다른 사람의 영향을 받을 수밖에 없다. 인간사의 대부분의 문제가 사람과의 관계에서 벌어지는 일이 태반이다. 그러한 인간관계에서 오는 스트레스가 우리 삶의 절반을 차지할 것이다. 그래서 우리는 늘 남과 비교하고 남과 대조하고 남보다 더 잘 살아야 하고 남에게는 절대 지지 말아야 한다고 은연중에 가르치고 있다. 그래서 사회적 동물이라는 말이 나오는 것이다. 하지만 21세기 최첨단 과학문명이 탄생한 지금 인간사회에도 변화의 바람이 불고 있다.

그것은 급격한 지구의 기후 변화로 인한 자연 생태계의 파괴로 인한 재앙이 일어나고 있다. 중세의 흑사병으로부터 1차 세계대전 때의 스페인 독감, 그리고 최근의 메르스, 사스 등의 바이러스의 침입이다. 이어 급기야는 세계 대유행인 팬데믹으로까지 퍼진 코로나19 사태로 인한 사회적 거리두기가 지속되고 있다. 지금의 사태는 '인간은 사회적 동물'이라는 말이 무색할 만큼 서로 간의 접촉을 제한하고 있다. 예전처럼 밀접한 접촉은 더 이상 어려워질지도 모른다.

사람들은 코로나 사태가 일순간의 현상이 아닌 지구의 운명과 인류사회에 대변혁을 예고하고 있음을 깨닫고 있다. 지금의 상황은 위기 상황인 것이다. 이러한 위기 상황에 잘 대처해야 포스트 코로나 시대에 잘 적응해나갈 수 있을 것이다. 이는 독서에서도 마찬가지라는 생각이다. 온택트 시대로의 변신은 독서도 혼자만 하는 것이 아니라 온라인 줌으로 만나서 함께 독서하고 나눔을 함께하며 실행과 행동도 서로 확인해볼 수 있도록 해야 한다는 것이다. 과거의 독서 모임보다도 더 진화하고 개선된 온택트 시장을 선도해가야 할 것이다.

'더불어 함께 책 읽기, 나누면 행복은 두 배가 된다'는 의미를 다시 한번 살펴보자.

더불어 함께 책을 읽고 나누는 것은 독서 모임이 제격이다. 특히나 요즘의 온택트 시대에 시간과 장소에 구애됨이 없이 언제든 할 수 있는 것이 독서 모임이다. 나는 그동안 카카오톡으로 오는 독서 모임만 생각했다. 하지만 이 책 쓰기를 하면서 독서 모임에 대한 자료를 구글과 네이버에서 찾아보고, 유튜브도 검색해보았다. 유튜브에는 북튜브라는 카테고리로 북튜브로 많은 사람들이 활동하고 있음을 새삼 깨닫게 되었다.

독서 모임은 저마다의 꿈과 희망을 가지고 찾아오는 사람들이 많다. 독서를 통해 변화를 꾀하고자 하는 사람들이 대부분이다. 그러니 목적이 비슷한 사람들이 책을 매개로 만남의 장을 펼쳐가고 있으니 이 얼마나 유용한 일인가?

요즘 코로나19로 사회적 거리두기 단계가 최고 단계인 4단계까지 치솟고 있고, 매일 1,500명 가까운 숫자의 코로나 감염자가 발생하는 심각 단계 이상이다. 인간은 사회적 동물이다 보니 서로 만나서 이야기하고 토론하고 일을 해야 하는데, 코로나로 인해 그것을 못 하고 있으니 이 얼마나 답답한 상황인가?

하지만 이러한 코로나19 상황이라는 위기를 기회로 삼아보자. 오프라인보다도 더 많은 장점이 있는 온라인 독서 모임을 통해 인생 역전의 발판을 마련해보자. 온라인 독서 모임은 지금껏 우리가 가보지 않은 미래를 개척하는 프런티어 정신으로 도전해보자.

필자가 생각하는 독서 모임의 장점을 들어본다.

첫째는 혼자서 하는 독서에서 느낄 수 없는 다양한 사람들과 독서 모임으로 균형 잡힌 독서를 할 수 있다는 점이다.

둘째는 독서를 향한 강한 동기 부여를 받을 수 있다는 점이다.

셋째는 독서를 통해 얻을 수 있는 지식이나 지혜를 다른 사람과 함께 공유하고 나눔으로써 행복감이 배가 된다는 점이다.

넷째는 독서 모임을 하면서 자신이 갖고 있는 편견이나 단편적인 의견을 넘어 남의 의견을 수용하고 종합하는 통합적 사고를 할 수 있다는 점이다.

다섯째는 독서 모임을 통해 감동과 격려, 상대방에 대한 신뢰 등 인간관계 개선에 큰 장점이 있다는 점이다.

나 또한 지금은 한두 곳의 독서 모임에 참여하고 있지만, 이 책을 출판하고 난 후에는 보다 더 적극적으로 독서 모임에 참석할 것이며, 내가 직접 독서 모임을 운영해볼 것이다. 이제는 독서를 혼자 한다는 생각은 버려라. 함께 독서하면 얼마나 많은 좋은 점이 있는지는 앞에서 다 말을 했다. 이외에도 수없이 많은 장점이 있다. 독서 모임을 통해 우리는 변화하고 성장하는 나뿐만 아니라 함께하는 독서 모임의 회원들도 보게 될 것이다. 우리 민족은 다른 어느 나라보다도 우수한 머리와 인적 자원을 갖고 있다. 우리가 다시 독서를 통해 그리고 함께 독서 모임을 통해 새로운 변화와 성장을 향해 간다면 머지않아 우리나라는 세계를 이끌어갈 우수한 인재들이 넘쳐날 것이다. 그리고 그러한 인재들이 세계를 이끄는 훌륭한 지도자로 배출되어 세상을 밝히는 존재가 될 것이다. 지금의 유대 민족처럼 세계를 이끄는 지도자들이 배출되는 것은 오직 독서로 가능하리라는 것을 필자는 의심치 않는다. 독서 강국 대한민국으로 우뚝 서는 그날까지 자, 이제 우리 모두 독서와 독서 모임을 함께 펼쳐나가자.

04

독서로 삶을 변화시킬 수 있어야
진짜 독서다

독서는 아무나 할 수 있다. 글자를 해독할 수 있는 사람이라면 누구든지 읽을 수 있다는 말이다. 그런데 이렇게 글자를 해독하는 수준으로는 독서가 삶을 변화시킬 수 없으니 독서라고 할 수 없는 것이다. 가짜 독서인 것이다. 독서로 삶을 변화시킬 수 있어야만 진정한 진짜 독서인 것이다. 그러면 어떻게 해야 진짜 독서일까.

우리가 늘 맞수로 생각하는 일본은 독서 인구가 세계 2위라고 한다. 그들이 처음부터 독서를 잘했던 민족이 아니다. 태평양전쟁 후 1990년대까지 일본 학생들은 독서를 기피했고, 독서 이탈 현상이 최고점에 달했다. 1998년 일본은 아침 독서로 시작하여 경쟁과 평가를 없애버린 순수한 독서 교육을 하였다. 단지 순수한 즐거움만을 위한 아침 독서였다. 그 결과 독서가 흥미를 이끌어냈던 것이다. 쓰기도 중단하고 사유에 전념했던 것이다. 독서는 과정의 즐거움 없이는 절대 일상에 자리매김할 수 없다. 눈높이에 맞는 책으로 흥미를 붙이는 것이 먼저다.

위에서 언급한 것처럼 일본은 우리의 맞수 나라다. 일본을 앞지를 수 있는 방법은 오직 독서를 많이 하고 독서를 생활화하는 사람들이 많아지는 것이다. 단지 독서를 어떠한 목적으로서가 아니라 생활의 일부로 받아들이고 매일 독서하는 대한민국 국민이 되어 일본을 능가해보자.

『1천 권 독서법』의 전안나 작가는 책의 서문에서 1천 권 읽기를 목표로 삼고 간절한 마음으로 새벽까지 책장을 넘겼다고 한다. 죽을지도 모른다는 절박감에 출근길 버스에서도, 점심시간에도 책장을 펼쳤다. 그렇게 3년 10개월 동안 꼬박 1천 권을 읽었다고 한다.

그리고 독서를 통해 자신이 변했다고 한다. 우주를 바꾸기보다 나를 바꾸기가 어렵다는데 바로 그걸 해냈다는 것이다. 스스로를 돌아보고, 반성하고 마음이 평안해지고 성숙해지는 나를 느꼈다고 한다. 이런 변화는 관계를 통해 드러났다. 아이들, 남편, 직장 상사와 동료들에게 느꼈던 예민함과 피해의식이 사라지면서 생각에 여유가 생기고 이해의 폭이 넓어졌다고 한다. 마음이 편해지니 식욕도 돌아오고, 잠도 잘 자게 되었으며 무엇이든 할 수 있다는 의욕도 생겼다고 한다.

나는 4월부터 본격적으로 독서 모임에 참여하면서 독서를 시작했다. 『새벽 5시 필사 100일의 기적』을 필사하면서 머리에 강력한 울림을 받았다. 그것이 계기가 되어 평생 저녁형 인간으로 살아온 내가 아침형 인간으로 변화하기 시작했다. 그리고 이제는 독자에서 저자로 인생이 변화하는 기적을 체험하고 있다. 불과 100일 만에 나는 독서를 통해 이전과 180도 다른 삶을 살고 있다. 그 이전의 삶은 세상의 평범한 사람들과 다를 바 없이 TV나 라디오 혹은 스마트폰의 유튜브를 보면서 소비자로서 살아왔다. 하지만 지금은 다르다. TV는 안 본 지가 여러 달 되었고, 유튜브도 독서와 관련된 영상만 가려서 잠시 보고 있다. 책은 책 쓰기를 목적으로 해서 필요한 책만을 보고 있다. 그리고 전자책은 총 128,000권 정도를 3군데의 사이트에 월정액제로 가입해서 필요한 책만을 찾아서 읽고 있다. 소위 작은 도서관 하나를 나의 손아귀에 넣고 다니는 셈이다. 마음이 얼마나 풍족한지 모른다. 그야말로 '밥 안 먹어도 배부른' 격이다.

나는 책을 쓰면서 경쟁 도서와 관련 도서를 30여 권 사서 보았다. 그리고 나머지 책은 전자책을 보면서 읽었다. 총 50여 권에 달한다. 책 쓰기를 하면서 느끼는 것이지만, 책을 1년에 100권 또는 300권 읽어야 한다느니 하며 책을 많이 읽는 것을 지상 목표로 하는 경우를 볼 수 있는데 꼭 그래야만 삶이 변화하는 것은 아니라는 걸 깨달았다. 나는 불과 100일 만에 50여 권을 보았는데도 삶이 변화하고 있음을 깨닫고 있으니 말이다. 나의 머리를 깨는 단 한 권의 책을 어떻게 만나느냐가 관건이라는 생각이다. 처음부터 이렇게 인생의 단 한 권의 책을 만나기는 쉽지 않을 것이다. 꾸준히 독서를 하고 사고를 하는 노력 끝에 이러한 행운의 책도 만나지 않나 생각한다.

나는 이제 독자로서의 삶에서 작가로의 삶을 살아가고 있다. 이러한 삶의 변화는 책을 1,000권을 읽어야만 깨닫는 것은 아니다. 물론 그렇게 많이 읽으면 작가가 되고 싶다는 꿈이 자연적으로 들지도 모른다. 하지만 중요한 것은 인생의 멘토를 잘 만나면 이러한 시간을 단축할 수 있다는 사실이다. 나는 〈한책협〉의 김도사님을 만남으로써 나의 평생 버킷리스트인 책 쓰기라는 꿈을 실현해가고 있는 것이다.

내가 인생의 막다른 골목이라는 절망의 그늘에서 벗어나 인생의 환한 세상으로 나오게 된 것은 오직 책을 통해서라는 것을 밝히고 싶다. 여러분 중에도 지금 현재 어렵고 힘든 상황으로 절망에 늪에 빠져 있다면 나처럼 책을 통해 스스로 빠져나오기를 간절히 바란다.

05

책으로 세상에 선한 영향력을 끼쳐라

책으로 세상에 선한 영향력을 끼치라는 의미는 무엇일까?

우리는 살아오면서 알게 모르게 서로에게 영향을 끼치며 살고 있다. 그것은 위에서도 언급한 대로 우리가 '사회적 동물'이기 때문이다. 호랑이는 죽어서 가죽을 남기고, 사람은 죽어서 이름을 남긴다고 했다. 이것은 결과를 중점으로 생각한 것이고, 우리는 살아가는 동안 어떻게 살아야 하는가에 더 관심을 두어야 할 것이다. 100년도 안 되는 세월이라는 일생 동안 사람들은 이웃과 세상에 선한 영향력을 끼치며 살라는 것이다. 이는 우리가 삶을 어떻게 운영하며 살 것인가에 대한 방향을 제시하고 있는 것이다.

나는 어려서부터 주위 어른들에게 "착하다. 얌전하게 생겼다."라는 말을 많이 듣고 자랐다. 그런데 그때에는 왜 그렇게 그런 말이 나에게는 안좋은 말로 들리던지? 나는 스스로 판단하기에 착하다는 의미와 얌전하다는 의미에 대해 부정적으로 생각해왔던 것 같다. 세상이 얼마나 힘들고 험한데 착하고 얌전해서야 어찌 제대로 이 험한 세상을 헤쳐 나갈 수 있겠어? 하는 걱정 반 기대 반의 의미를 갖고 있다고 생각했다. 실제로 바보가 아닌 바에야 착하고 얌전해서는 세상살이가 힘들다. 이 험하고 힘든 세상을 살아가려면 독하고 욕심이 많아야 한다고 생각한 것이다.

실제로 내가 육십 평생을 살아보니 세상은 참으로 험하고 살기 힘들다. 착하고 얌전한 사람을 주위 사람들이 업신여기고 깔보기까지 하며, 바보 취급을 했다. 그것이 일반적인 현상이었다. 최근 10여 년 전부터 '선한 영향력'이니 '착한 가게'니 하며, 착한 사람에 대한 인식이 개선되어 분위기는 많이 바뀌고 있어서 천만다행이다. 착하고 얌전하다는 말은 '법 없이도 살 수 있다'는 말이고 주위에 위해를 전혀 가하지 않고 자기가 할 도리를 다 하는 그야말로 정직한 사람 아닌가? 이런 사람이 대접받는 세상이 이제는 돌아온 것이다. 과거의 독하고 악종이며 남을 업신여기는 사람은 이제 사기꾼 소리를 듣고 배척당해야 마땅한 것이다. 진실하고 정직한 사람이 많을수록 우리 사회는 더 행복하고 윤택해지는 것이 아닌가?

나는 젊어서 청운의 푸른 꿈을 안고 고시 공부에 올인한 적이 있다. 건강상의 이유로 중도에 포기하였지만 말이다. 법을 공부해서 고시 패스하고, 법관이 되는 꿈을 꾸었다. 나처럼 착하고 얌전하여 세상살이 못할 것 같은 사람을 도와주고, 나보다 더 어렵고 힘든 상황에 있는 사람들을 이끌어주는 그런 사람이 되고 싶었던 것이다. 물론 지금도 이러한 마음은 항상 가슴에 품고 살고 있다. 내 능력이 닿는 한 어려운 이웃을 보살피고, 힘없고 병약한 사람들의 편에 서서 그들을 도와주는 수호천사 같은 사람 말이다. '법 없이도 살 수 있다'는 말이 얼마나 좋은 말인가.

원래 법은 사회를 통제하기 위한 수단으로 만든 것이다. 사람들이 법을 잘 지킨다면 굳이 법으로 강제하거나 통제할 이유가 없는 것이다. 법은 순리이고, 물 흐르듯 하게 하는 것이다. 법은 도덕의 최소한의 규범으로 최후 수단이기도 하다. 하지만 사람들 중의 일부는 자신의 욕심을 채우기 위해 남에게 해를 끼치는 일을 서슴지 않는 파렴치한들이 많다. 이런 사람들에게 필요한 것이 법의 규제요 심판인 것이다.

정종민 성균관대 겸임교수는 세계일보 칼럼에서 선한 영향력에 대해 다음과 같이 말했다.

"선한 영향력은 군림하는 것이 아니라 감동을 주면서 자신의 이야기인 것처럼 공감할 수 있을 때 생겨나기 때문이다."

문화계에도 선한 영향력의 바람이 거세다.

최근 선한 영향력의 대표 주자로 손꼽히는 화제의 인물은 양준일이다. 그의 팬들은 '착한 사람이 대접받는 세상'을 만들자며 선플로 응원했다. 그리고 방탄소년단(BTS)도 데뷔 때부터 줄곧 선한 영향력을 이야기했던 연예인이다. 제이홉은 "앨범 작업을 하며 많이 공부하는데 앞으로 더 공부해서 여러분께 더 좋은 음악 들려드릴 수 있도록 노력하겠다."라며 좋은 메시지, 선한 영향력으로 항상 다가가겠다는 소감을 전했다.

'착하면 손해 본다', '착한 사람은 호구다'라는 말이 나오는 치열한 경쟁 사회에서 왜 다시 '착함'이 대접받는 걸까.

곽근호의 책『착한 사람이 이긴다』에선 "앞으로 우리가 마주하게 될 시대는 착함이 그 무엇보다 중요한 요소가 될 것"이라고 강조했다. 인간과 기계가 공존하며 살아가야 하는 이 시대에 무엇보다 인간에게는 인간다움이 요구된다. 이런 시대에 인간다움의 조건으로 인성이나 도덕성, 윤리의식 등 착함의 속성이 필요하다는 얘기다.

세상에 선한 영향력을 끼칠 수 있는 좋은 방법은 책이다. 누누이 말해 왔듯이 책에는 수천 년 동안 내려온 인간의 지혜와 깨달음과 선한 영향력 등도 다 그 안에 들어 있다. 우리는 책을 통해서 이것을 읽고 깨달음을 얻어서 세상에 선한 영향력을 끼치는 실행을 하면 되는 것이다. 책에는 악한 영향력도 있을 수 있다. 하지만 대부분의 책에는 선한 영향력에 대한 내용들이 많이 나오고 있고 이 시대는 선한 영향력을 원하고 있다. 지금이야말로 선한 영향력으로 사람 사는 세상, 사람 냄새 나는 살맛나는 세상을 펼치기 위해서라도 책을 통해 선한 영향력을 만방에 퍼뜨리자.

그러자면 내가 제일 먼저 솔선수범하여 책을 읽고 실천하고 변화함으로써 나부터 다른 사람에게 선한 영향력을 끼쳐보자. 그렇게 선한 영향력이 주위로 조금씩 퍼지다 보면 온 세상이 선한 영향력으로 뒤덮일 세상이 오지 않겠는가? 이러한 선한 영향력이 만연할 때 이 세상이 바로 지상낙원이고 천국이 아니겠는가? 천국은 죽어서 가는 곳이 아니라 지금 살고 있는 이 세상에서 지금 바로 만들 수 있고 누릴 수 있는 것이다.

'미인대칭 고미감사'라는 말도 있지 않은가?

미소로 인사하고 대화로 칭찬하자. '고맙습니다. 미안합니다. 감사합니다. 사랑합니다.' 매일매일 외치고 실천하자.

자, 우리 이제 우리 모두 손잡고 선한 영향력을 끼치는 데 다 함께 동참해보면 어떨까?

06

북바인더를 활용하여
독서 습관을 만들어라

독서 습관을 만드는 방법은 여러 가지가 있을 것이다. 하지만 여기에서는 북바인더를 활용하여 독서 습관을 만들라고 한다.

도대체 오늘날의 디지털 시대에 아날로그식 북바인더가 왜 필요한 걸까? 먼저 바인더 얘기부터 살펴보아야겠다.

바인더는 신문·잡지·서류 따위를 철하여 꽂는 장치이다. 주로 자료 보관 목적으로 사용되는 것은 흔히 '클리어 파일'을 훨씬 많이 사용한다.

강규형 대표가 지은 『성과를 지배하는 바인더의 힘』에 3P 바인더에 대한 소개글이 다음과 같이 나온다.

"열정만 있고 전략이 없으면 타 죽고 만다. 성과를 지배하는 전략가들을 위한 자기관리 프로세스 혁신도구! 성과를 지배하려면 어떻게 프로세스를 개선하고 강화시킬 것인가? 프로세스를 강화시키려면 3가지 전략이 필요하다. 퍼스널 시스템! 훈련! 실용성! 일처리 방법의 개선을 통해 짐승 같은 성실함으로 꾸준히 훈련하여 철저한 실용과 실천이 되어야 비로소 성과를 지배하는 스페셜리스트가 될 수 있다."

　다음은 박상배 저자가 지은 『본깨적』에 의하면 북바인더에 대해 자세히 나온다. 일부를 인용해본다.

"북바인더는 크게 두 영역으로 구성되어 있다. 하나는 책 읽는 습관이 몸에 밸 수 있도록 도와주는 역할을 하고, 다른 하나는 지식 자서전 역할을 한다. 두 가지 모두 중요한 역할이다. 특히 본깨적 책 읽기는 책 읽기가 습관화되어 책을 많이 읽는 것 못지않게, 책을 읽으면서 내용을 충실히 파악하고 책에서 깨달은 내용을 적용하는 것도 중요하다. 기본적으로 책의 핵심 내용을 정리하고, 두고두고 읽고 싶은 좋은 글과 일상에 적용할 아이디어를 적어놓으면 이 모든 것이 훌륭한 나만의 지식 자서전이 될 수 있다."

이 내용처럼 북바인더는 책을 읽고 마는 변화 없는 기존의 독서 방식에서 벗어나 적극적으로 핵심 내용을 파악해서 적고, 깨달은 바를 적용할 수 있게 하는 도구 역할을 한다고 볼 수 있다. 북바인더의 장점은 바인더에 적어놓은 글을 다음에 다시 보기가 쉽고, 자료를 정리하고 분류를 잘 해놓으면, 찾기가 쉽다는 점이다. 나의 경우는 독서할 때에 주로는 책에다 밑줄 긋고, 메모하고 적용할 것을 찾아 실행해본다. 이때에 별도의 독서노트를 쓰지 않고 A4용지에다가 메모하고 요약하고 기록해 놓으면 재독하고 반복 독서할 때에 유용함을 깨달을 수 있다. 시중에는 3P 바인더라고 해서 A5용지로 판매하는 것도 있지만 나의 경우는 집에 A4용지가 많아서 재활용이라는 측면에서 별도로 구입할 필요성을 못 느끼고 있다.

저자는 손으로 쓰는 3P 바인더 사용을 권장하고 있지만, 지금의 디지털 시대에 맞추어 컴퓨터나 스마트폰의 웹을 사용하여 독서노트를 작성하고 바인더에 철하면서 분류, 보관해서 관리한다면 디지로그('디지털'과 '아날로그'의 합성어)를 제대로 활용하는 것이 아닐까 생각된다.

우리가 습관을 만들려면 반복적인 연습이 필요하다. 독서를 하면서 책을 읽고 깨닫고 적용해서 내 삶에 변화를 이루려면 독서 습관을 잘 들여놔야 한다. 그러기 위해서는 계획을 세워서 바인더에 기록을 해야 한다. 우리가 흔히 놓치는 부분이 책을 읽고 메모를 해놓더라도 정리를 잘해놓지 않으면 이러한 자료가 쓸모가 없을 수가 있는 것이다. 이러한 귀중한 자료를 잘 정리하고 필요할 때 찾을 수 있도록 하는 데 유용한 것이 바로 북바인더인 것이다.

우리가 무엇을 시작할 때에는 목표와 목적을 분명히 해야 한다. 그리고 반드시 기록해놓아야 한다. 이럴 경우 목표를 더 잘 달성할 수 있다는 연구 결과가 미국 하버드대학교에서 입증되었다. 1979년 하버드 경영대학원에서 졸업생을 대상으로 다음과 같은 질문을 했다.

"명확한 장래 목표를 설정하고 기록한 다음 그것을 성취하기 위한 계획을 세웠는가?"

그 결과 목표와 계획을 세우고 종이에 이를 기록한 졸업생은 전체의 3%에 불과했다. 13%는 목표는 있었지만 종이에 기록하지 않았고, 나머지 84%는 학교를 졸업하고 여름을 즐기겠다는 것 외에 구체적인 목표가 없었다.

10년 후 연구자들은 1979년에 인터뷰했던 졸업생을 대상으로 또다시 인터뷰을 했다. 목표를 세웠는가에 따라 사회적으로 성공한 정도가 달랐고, 목표를 세웠더라도 종이에 기록했느냐 아니면 머릿속에만 담아두었느냐에 따라 결과가 크게 차이가 났다. 목표는 있었지만 종이에 기록하지 않은 졸업생은 아예 구체적인 목표가 없었던 84%에 비해 수입이 두 배나 많았다. 종이에 목표를 기록했던 졸업생들은 더욱 놀라운 결과를 보여주었다. 3%에 불과했던 그들은 나머지 97%에 비해 열 배 이상의 수입을 올리고 있었다.

이처럼 목표를 세우고 그것을 종이에 기록했느냐 안 했느냐에 따라 결과가 이렇게 차이가 크다. 물론 목표를 세우고 기록했다고 해서 다 성공하지는 않았을 것이다. 하지만 분명한 것은 목표를 세우고 기록을 한 사람은 그것을 수시로 보면서 목표 지향적 행동을 하였을 것이고, 아무런 목표도 세우지 않고 기록도 하지 않은 사람은 정처 없이 떠도는 배처럼 사는 대로 행동하다 보니 삶이 만족스럽지 못했을 것이다. 이제부터라도 목표를 세우고 기록하며 매일매일 실천할 수 있는 방법으로 북바인더라는 도구를 활용해보는 것은 어떨까?

독서 습관을 들이려면 독서 계획을 잘 짜야 한다. 필자의 독서 계획을 참고해보기 바란다.

첫째는 평생 독서 계획 작성하기이다. 이제 독서는 평생 우리 곁에 함께 하며 걸어가야 할 동반자이다. 따라서 인생의 큰 그림을 그리듯 평생 독서 계획 밑그림을 잘 그려보자. 일단 몇 권을 읽을 것인지 먼저 적어보자. 그리고 독서를 하는 목적과 사명을 적는다.

필자의 경우를 예로 들어보겠다. 1주일에 6권 정도를 목표로 잡으면 한 달을 5주 계산하여 월에 30권이 된다. 년으로 환산하면 360권이 된다. 바쁜 날을 감안하면 1년에 300권 읽기가 가능하다는 것이다.

그 다음은 10년 주기로 나누어 독서 계획을 세운다. 1만 시간의 법칙도 있듯이 하루에 3시간씩 10년이면 1만 시간이 된다. 이는 한 분야에서 전문가가 될 수 있는 충분한 시간이다. 자신이 어떤 분야에 강점이 있는지를 살펴 계획을 짜보는 것이다.

둘째는 월간 독서 계획 만들기이다. 필자가 평생 독서 계획에서 세운 목표는 최대량이다. 실제로는 일주일에 1~2권, 한 달에 5~10권 그러면 일 년에 60~120권이 된다. 이 정도면 누구나가 무난히 읽을 수 있는 양이 될 것이고, 이 정도로도 인생의 삶의 변화를 이끄는 데는 문제가 되지 않는다고 생각한다. 너무 무리해서 책을 읽을 필요는 없다. 자신의 상황에 맞추어 계획을 세우고 실행하면 되는 것이다.

셋째는 주간 계획 세우기이다. 최저로 해서 주간에 한 권을 읽는다고 치면, 책 한 권에 250 페이지 정도 된다고 보고, 하루에 250÷7일=약 37 페이지 정도 하루에 읽어야 하는 분량이 나온다.

넷째는 일간 계획 세우기이다. 이는 하루 중 언제 읽을 것인지 계획을 세우는 것이다. 구체적으로 점심시간에 30분, 출퇴근 시간에 2시간, 이렇게 구체적으로 하루에 3시간은 책을 읽는 시간을 빼놓는 것이 습관 들이기에도 좋다.

책을 읽고 나서는 바인더를 이용해서 본깨적 독서를 한 다음 체크리스트를 만들어 확인하는 작업이 필요하다. 체크리스트 중 One Message, One Action을 확인하여 삶에 적용해나가는 것이다.

앞서 언급했듯이 북바인더는 분류와 정리의 달인이 될 만큼 훌륭한 도구이다. 우리가 책을 읽고 밑줄을 긋고, 메모를 한다 하더라도 제대로 정리가 되어 있지 않으면 어디다 두었는지 찾지 못할 것이고 그러면 필요할 때 사용할 수 없는 무용지물이 될 수 있는 것이다.

우리가 책을 읽는 이유가 삶의 변화를 이루고, 필요한 문제에 대한 해결을 하는데 깨달음이나 지혜를 얻기 위함이지 않은가? 그렇다면 필요할 때 바로바로 찾을 수 있도록 정리가 잘되어 있어야 하는 것이다. 그런 측면에서 북바인더는 가장 효과적인 도구임에 틀림없는 것이다.

그리고 이렇게 분류하고 정리해놓은 자료는 평생 언제든지 필요할 때 재활용할 수 있으니 이 얼마나 효과적이고 효율적인 방법인가. 특히나 요즘 같은 디지로그 시대에는 디지털과 아날로그의 결합 내지는 통합이 필요하다. 그러한 방법으로는 컴퓨터로 정리한 내용을 출력해서 바인더에 끼워서 관리하면 좋을 것이다.

북바인더의 핵심은 '원 북, 원 메시지, 원 액션'을 원칙으로 한다. 아무리 좋은 내용이 많아도 한 책에서 하나의 메시지를 선정해 그것만 실행하는 것이다. 삶을 변화시키려면 '지속성'이 필요하다. 하루이틀만 잠깐 열심히 사는 것보다 하루에 한 가지씩이라도 꾸준히 지속적으로 하는 것이 삶을 변화시키는 데 더 효과적인 것이다. 우리가 습관으로 정착되기까지는 21일, 3주가 걸린다고 한다. 이렇듯 꾸준하게 지속적으로 21일간을 했을 때 습관으로 되어 무의식중에도 그 행동을 할 수 있게 된다고 한다. 북바인더도 우리가 독서를 하여 습관화하고 삶의 변화를 이끄는 데 유용한 도구이므로 잘 활용해보기를 권한다.

07

한 권을 읽더라도
생산적인 독서를 하라

한 권을 읽더라도 생산적 독서를 하라는 말은 무슨 의미일까?

먼저 생산적이라는 말의 의미부터 살펴보아야 할 것 같다. 어떤 것이 바탕이 되어 새로운 것이 생겨나는 것, 즉 새로운 것이 생겨나는 것이란다. 즉 없는 것에서 새로운 것을 만들든, 기존의 것을 변형해서 새롭게 만들든, 무엇인가를 생성한다는 의미이다.

어느 가정에서건 아이들이 있는 곳을 가면 부모들이 이런 말을 많이 하는 장면을 목격하게 된다. "공부 좀 해라!" "공부해서 남주냐?" "다 너 잘되라고 하는 말이야." 스마트폰이나 유튜브 등 시간을 낭비하지 말고 미래를 위해 공부하라고 잔소리를 많이 들었을 것이다. 이때의 부모님의 잔소리인 '공부 좀 하라'는 말에는 미래를 위해 공부해서 어떤 결과를 만들어내라는 의미가 내포되어 있는데 이것을 자세히 보면 결국 이 말 속에 '생산적으로 살라'는 의미가 있다고 볼 수 있다. 스마트폰이나 유튜브 동영상을 보는 것을 단지 시간을 낭비하는 비생산적인 것으로 생각해서이다.

인간은 누구나 성공하기를 원하고 성장하기를 원한다. 우리는 내면적으로 늘 마음속에는 '생산적인 삶을 추구하고 싶다'고 갈망한다. 하지만 현실은 늘 생각대로 되지 않는 것이 일반적이다. 생산적인 삶과 대비되는 것은 소비적인 삶이라고 볼 수 있는데 소비적이란 의미는 무엇일까? 시간이나 돈을 들이는 것이다. 소비는 돈이나 물자, 시간, 노력 따위를 들이거나 써서 없앰을 뜻한다.

생산적이란 말은 소비해서 없애지 말고 결과를 만들어내라는 의미일 것이다. 독서에서도 마찬가지다. 독서도 책을 읽기만 한다면, 아무런 변화도 없는 것은 소비적이라고 볼 수 있고, 인생의 변화를 가져온다면 그것은 바로 생산적인 독서가 될 것이다. 굳이 인생의 변화까지는 아니더라도 책에다가 밑줄치고, 메모하고, 형광펜으로 칠하는 행위 자체도 생산적인 독서의 과정이라고 볼 수 있다.

안상헌 저자가 지은『어느 독서광의 생산적 책 읽기 50』에서 좋은 내용을 인용해본다.

"끊임없이 질문하며 읽기다. 끊임없는 질문의 힘은 지금보다 더 나은 것을 보게 하는 것이다. 변화의 촉매는 바로 질문의 힘에서 오는 것이다. 오류를 범하지 않기 위해서 질문이 필요하다. 책을 읽을 때는 항상 질문을 하며 읽어야 하는 것이다. 질문은 새로운 답을 위한 최적의 방법이다. 책 읽기에도 단계가 있다. 첫 번째 단계는 많이 읽고 많이 기억하는 단계다. 각인되지 않은 정보는 쉽게 소실된다. 즉 재미의 단계이다. 두 번째 단계는 적게 읽고, 많이 생각하는 단계이다. 지식과 정보의 누적을 통해 사고와 논리의 확장단계이다. 세 번째 단계는 적게 읽고 많이 쓰는 단계이다. 창조성을 표출하는 단계로 생산적인 단계이다. 다음은 책을 읽은 후 결과를 남기는 것이 중요하다. 한 권의 책을 읽고 A4용지 한 장으로 요약해보자. 그 책에서 사용된 핵심단어들이 반드시 들어가야 한다. 가능하다면 자신의 용어로 바꾸어보는 것도 좋다. 다른 사람을 설득하듯이 적어보자. 공짜에는 책임감이 없다. 애착도 소중함도 주인의식도 없다. 오히려 자신을 망치는 도구가 되기도 한다. 이런 의미에서 공짜는 이미 공짜가 아니다. 책 읽기에도 공짜가 없다. 불을 밝히며 정성들여 읽어야 하고 생각하고 재창출해야 한다."

내가 생각하는 생산적인 독서는 책을 읽기만 하지 말고, 밑줄 긋고 메모하고, 형광펜으로 각인시키고 실행하는 것 모두가 다 해당된다고 본다. 가만히 글자를 따라 읽는 것이 아니라 핵심 키워드를 찾아 생각해보고, 그것에서 깨달은 바를 나의 생각과 느낌을 함께 버무려 글을 쓰는 것이다. 이것이야 말로 창의적이고 생산적인 독서가 아닌가? 그러나 이러한 생산적인 독서를 하는 데는 많은 책을 읽어야만 되는 것이 아니라, 단 한 권의 책을 읽더라도 가능할 것이다.

황민규 저자의 『독서가 필요한 순간』에서는 생산적 책 읽기 방법으로 수직적 독서를 제시하고 있다.

"첫 번째, 머리로 읽고 가슴에 새기고 온몸으로 실천한다. 두 번째, 마침표를 물음표로 바꿔서 읽는다. 세 번째, 좋은 예술가는 베끼고 위대한 예술가는 훔친다. 네 번째, 80대 20 파레토 독서법칙을 활용한다. 다섯 번째, 밖으로 나온 뇌, 손을 적극 활용한다. 여섯 번째, 읽고 배운 것을 나누는 생산적인 독서 방법을 사용한다. 일곱 번째, 몸에 새긴 기억은 오래 지속된다. 여덟 번째, 무리에서 벗어나 책과 고독을 즐긴다."

신정철 저자가 지은 『메모독서법』에 생산적 독서법이란 어떤 것인지 내용의 일부를 살펴보기로 하겠다. 대부분의 사람이 책을 읽지 않는 이유는 무엇일까? 사람마다 다양한 이유가 있을 것이다. 일반적으로 가장 많은 대답은 시간이 없다는 것이다. 그런데 맛있는 음식을 먹기 위해서는 돈을 쓰고 시간을 낸다. 맛있는 음식은 우리를 행복하게 만들어주는 효과가 있다고 믿기 때문이다! 그렇다면 책을 읽지 않는 이유는 책의 효과를 느끼지 못했기 때문이 아닐까? 책을 읽어봤자 삶에 아무런 도움이 안 된다고 생각해서가 아닐까? 독서의 효과를 체험하지 못했기 때문에 책을 읽으려는 동기가 생기지 않은 것이다. 그렇다면 왜 독서 효과를 체험하지 못하는 것일까? 저자는 그 원인을 5가지로 들고 있고, 메모 독서법을 통해 해결책을 제시하고 있다.

"첫째, 기억하지 못한다. 둘째, 생각하지 않는다. 셋째, 글을 쓰지 않는다. 넷째, 행동하지 않는다. 다섯째, 무언가를 만들지 않는다."

그런데 메모 독서를 하면 책에 밑줄을 치고, 독서노트에 옮겨 적고, 독서 마인드맵으로 정리하면서 자연스럽게 반복 학습이 되므로 오래 기억할 수 있다고 한다. 또한 떠오르는 질문을 독서노트에 적으며 생각할 수 있게 한다. 게다가 메모 독서는 글쓰기로 이어지기 때문에 생각의 틈이 차곡차곡 채워지며, 목표와 계획을 적어보도록 하기 때문에 실천을 도와

준다고 이야기한다. 마지막으로 메모 독서를 꾸준히 했을 때 책 속에 있던 정보와 생각이 쌓이며 합성되므로 아이디어가 떠오르게 된다고 말한다. 창조가 가능하다는 것이다.

서민규 저자가 쓴 『생산적인 생각습관』에 보면 다음과 같은 문장이 나온다.

"만일 당신이 소비자에서 생산자로, 소모적인 활동을 생산적인 활동으로 바꾸고자 한다면 그 모든 과정이 개선에 달려 있음을 받아들여야 한다. 생산적인 사람이라서 개선하는 것이 아니라, 개선하다 보면 생산적인 사람이 된다."

나는 위 문장에서 생산적인 사람이 개선하는 것이 아니라 개선하다 보면 생산적인 사람이 된다는 말에 공감한다. 그것은 결국 독서도 마찬가지다. 생산적인 사람이 생산적인 독서를 하는 것이 아니라, 생산적인 방법으로 독서를 하다 보면 그것이 생산적인 독서가 되는 것이다. 특히 저자는 생산적인 생각습관을 쌓기 위해서는 7가지가 필요하다고 한다. 생각습관, 기록습관, 정리습관, 통제습관, 실행습관, 개선습관, 생산습관이 바로 그것이다.

다음은 필자가 생각하는 생산적인 방법의 독서에 대해 말해보고자 한다.

첫 번째는 책에다 밑줄치고, 메모를 하며, 형광펜이나 색깔 펜으로 나만의 흔적을 남기는 것이다. 책을 단순히 깨끗하게 읽는 것이 아니라 책을 지저분하게 쓰면서 읽는 것이 생산적인 방법인 것이다.

두 번째는 필사다. 필사를 하게 되면 사색을 하면서 사고를 확장할 수 있다. 더불어 행간의 의미도 파악할 수 있는 힘을 준다. 필사가 생산적인 독서를 위한 강력한 무기가 될 수 있다.

세 번째는 독서노트나 서평을 써서 블로그 등 SNS에 올리는 방법이다. 이러한 방법은 나의 깨달음과 생각을 씀으로써 새로운 나의 생산품이 만들어지는 것이다.

네 번째 생산적인 방법은 생산하기 위해 독서를 한다는 생각을 먼저 한다. 이것은 배우고 나서 만드는 관점이 아니고 생산하기 위해 필요한 것을 배운다는 관점의 전환이다.

이 말을 쉽게 풀어서 쓰면 책 쓰기를 목적으로 책을 읽는다는 의미이다. 책 쓰기를 하면, 어떤 책을 읽어야 할지가 나온다. 책을 쓰면서 생산적인 독서를 하게 되는 것이다.

다섯 번째는 독서 모임으로 함께하는 것이다. 독서 모임의 회원 수대로 생각이 다르기 때문에 1+1=2 가 아니라 1+1=2, 3, 4… 그 이상이 될 수도 있다는 것이다. 독서 모임으로 함께하고 공유하고 나누는 것이 생산적인 독서를 하는 데 크게 기여할 것이다.

결론적으로 말하면 생산적인 독서는 적극적인 독서이자 능동적인 독서이며 실용적인 독서이다. 내 삶을 변화시키겠다는 의지와 목적을 갖고 하는 그런 독서인 것이다.